DEIXE DE SER VÍTIMA

MARILYN NORQUIST GUSTIN

DEIXE DE SER VÍTIMA
Dicas para o crescimento pessoal

EDITORA
SANTUÁRIO

Dados Internacionais de Catalogação na Publicação (CIP)
(Câmara Brasileira do Livro, SP, Brasil)

Gustin, Marilyn Norquist
Deixe de ser vítima: dicas de crescimento pessoal / Marilyn Norquist Gustin; [tradução: Carlos Felício da Silveira]. – Aparecida, SP: Editora Santuário, 1995. (Coleção Viva, 10)

Título original: *From victim to decision-maker – keys to personal growth*
ISBN 85-7200-238-3

1. Autorrealização 2. Sucesso – Aspectos religiosos – Cristianismo I. Título. II. Dicas para o crescimento pessoal. III. Série

95-1171   CDD-248.4

Índices para catálogo sistemático:

1. Autorrealização: Vida cristã 248.4
2. Realização pessoal: Vida cristã 248.4

Título original: *From victim to decision-maker – keys to personal growth*
© Liguori Publications, 1984
ISBN 0-89243-219-5

Tradução: Carlos Felício da Silveira

14ª impressão

Todos os direitos em língua portuguesa
reservados à **EDITORA SANTUÁRIO** – 2019

Rua Pe. Claro Monteiro, 342 – 12570-000 – Aparecida-SP
Tel.: 12 3104-2000 – Televendas: 0800 - 16 00 04
www.editorasantuario.com.br
vendas@editorasantuario.com.br

INTRODUÇÃO

Esta é uma história que começou de um jeito e termina de outro, bem diferente.

Começa com um jovem, aparentemente de vinte e poucos anos, que contou às pessoas da cidadezinha onde morava ter descoberto uma fonte de água em um misterioso desfiladeiro. Cansado e com sede, bebeu avidamente da água da fonte, sem suspeitar que ela possuía qualidades mágicas. Mas logo que prosseguiu viagem, sentiu-se mais jovem e completamente descansado. De fato, sentiu-se como se tivesse um novo corpo! Tão entusiasmado ficou que se esqueceu de marcar onde estava localizada a fonte.

Embora não conseguisse dizer às pessoas onde ficava a fonte, era capaz de apontar para a montanha lá ao longe. O certo é que as pessoas não podiam duvidar da existência da fonte mágica. Afinal de contas, ele não estava ali moço, forte e bonito – embora tivesse oitenta e sete anos?

Mesmo assim, algumas pessoas zombavam da história do homem, achando que sua idade real era de aproximadamente vinte e três anos. Mas uma jovem queria muito acreditar em sua história, talvez porque estivesse muito cansada e também muito solitária.

Nesse ponto começa a história dessa jovem que se sentia inútil e exausta. Cada dia era um grande peso para ela. Então, pensou consigo mesma: "Se ao menos pudesse encontrar essa fonte e beber de sua água!" Mas, é claro, tinha muitas obrigações e preocupações para se lançar em uma viagem tão insólita. Mal podia imaginar-se pondo os pés naquela montanha tão distante, quanto mais procurar pela fonte secreta.

E a cada dia a jovem olhava para a montanha ao longe. Passados alguns anos, a montanha pareceu-lhe mais próxima. Não tinha a menor ideia do que aconteceu mas, com o passar dos meses, teve certeza de que a montanha não estava tão longe como de costume.

Um dia a montanha pareceu-lhe tão próxima, e as coisas que lhe eram familiares tão ruins, que juntou seus bens mais preciosos em uma mochila e deixou a cidade onde sempre tinha vivido. Pôs-se a caminho, convencida de que nada a poderia impedir de alcançar a montanha.

Caminhou muitos dias. Seus pés estavam machucados e suas costas doíam terrivelmente. Ao cair da noite, não se dava ao trabalho de estender uma coberta. Simplesmente se jogava ao chão e dormia até o sol da manhã tocar seu rosto. E todos os dias se perguntava como encontraria a tal fonte.

Certo dia, com o sol a pino, quando tentava contornar um obstáculo no meio da trilha, recuou aterrorizada! À sua frente estava uma figura gigantesca, mais brilhante que o próprio sol do meio-dia. Em uma das mãos carregava uma espada flamejante e a outra mão estava estendida para tocá-la. Como se mantivesse estática, paralisada de medo, aquele ser falou suavemente: "Eu sou um mensageiro dos céus, enviado para dizer-lhe que sua busca será em vão. O andarilho estava mentindo. Não há nenhuma fonte mágica. Mágica alguma pode modificar sua vida. Fui enviado pelo Pai de Misericórdia para lhe poupar esforço infrutífero".

A jovem estava atordoada. Percebeu que, enquanto o mensageiro se mantivesse à sua frente, não conseguiria ir adiante. Mas como poderia retornar para sua casa? Quando chegasse novamente a sua cidade, estaria tão alquebrada e desalentada, tão velha e cansada, que precisaria ser tratada como inválida pelo resto da vida. Então gritou: "Ficarei sentada aqui até morrer, porque não consigo seguir adiante, e voltar também não quero".

"Há uma coisa que posso fazer por você", disse o mensageiro. "Posso ficar com esse fardo de coisas que você carrega às costas. Em troca eu lhe darei um presente. Se você souber apreciar esse presente, deixar que fale a seu coração, e praticar o que tiver aprendido, cairão sobre você incontáveis bênçãos."

A jovem hesitou. Trocar seus bens preciosos por um presente desconhecido? É verdade que eram muito pesados para carregar, mas eram tão queridos! Iria doer muito entregá-los ao estranho. Mesmo assim, que escolha tinha? Não conseguia seguir adiante, não queria de forma alguma retornar e não queria ficar sentada na trilha à espera da morte...

Devagar, com muito pesar, ela tocou na mão que o mensageiro lhe estendia. Com movimento súbito, ele a virou e retirou de suas costas a mochila com seus bens.

"Sente-se", disse o mensageiro. "Vamos ver o que você tem aqui." Um a um ele retirou seus tesouros da mochila, que eram nove ao todo. Enquanto examinava cada um deles, sua face tornou-se sombria até que seu olhar se tornou incandescente como brasas. "E são *estes* os seus *tesouros*?", perguntou sarcasticamente.

"É tudo o que tenho... tudo o que já conheci", murmurou ela.

Ele suspirou. "Não entendo o Pai de Misericórdia", disse. "Você é realmente felizarda, pois ele notou seu esforço e me enviou para interromper seu caminho. Agora ouça atentamente minhas instruções e siga-as cuidadosamente."

"Volte pela mesma trilha por que veio. Quando você se sentir sobrecarregada e cansada, segure firmemente o presente que lhe darei; você encontrará força nele." O mensageiro estendeu-lhe um livro encapado em couro. "Este livro irá ensiná-la como viver sem seus tesouros tão preciosos, para que você possa usar sabiamente sua nova fortuna. Agora, seja determinada. Não pare de andar."

A jovem levantou-se, apanhou o livro e comprometeu-se a aprender todo o seu conteúdo. Como ela tomou o livro para si, o mensageiro tocou-o com a espada flamejante e desapareceu.

O caminho de volta não pareceu tão longo. Quando a jovem finalmente chegou à sua cidadezinha, estava fortalecida e seus olhos espelhavam grande paz. Ela caminhava a passos seguros e firmes. Para seu grande espanto, um viajante desconhecido tinha vindo até sua cidade e deixado para ela nove caixas enormes cheias de ouro. Em cada caixa havia uma inscrição: "Para ser gasto em seu próprio benefício e em benefício de toda a sua cidade".

* * *

Eis, é claro, apenas uma lenda. Eu a ouvi anos atrás, à beira de uma fogueira em um acampamento nas montanhas. Desde aquela noite venho me perguntando quais seriam os nove tesouros da jovem e sobre as nove caixas de ouro. Em minha própria história, como você vai ver, há paralelos com a lenda: nove bens meus a serem transformados em nove caixas de ouro, através do acolhimento afetuoso do conteúdo de um livro e através de sua prática a cada dia.

Meus nove bens e o ouro em que se tornaram para mim? Eles são os capítulos deste livro.

Como o livro que foi dado de presente... Do que *você* acha que se trata?

1
De vítima a empreendedor

"Alguma vez você já se sentiu vítima em uma situação?"

Toda vez que levanto essa questão para uma plateia, ouve-se um retumbante SIM! Basicamente não se ouve voz discordante. Todos já experimentaram o sentimento de "vítimas". Alguns de nós o adotam permanentemente.

A cada um de nós acontecem coisas sem que as tenhamos escolhido ou sem que sequer delas gostemos. Elas provêm do meio externo e devem-se a circunstâncias que "estão fora de nosso controle". Resultam de decisão de outra pessoa, ou de mudanças no trabalho, ou por doenças, ou acidentes, por perda, morte ou até catástrofe natural. E simplesmente não podemos mudar o que aconteceu. Não podemos fazer com que outra pessoa nos ame novamente, não podemos deixar de sofrer o acidente que sofremos e muito menos trazer alguém de volta à vida. Esses acontecimentos nos fazem sentir que nossa vida foi subitamente interrompida, parecendo que não retomará seu curso normal. De repente, sentimos todas as nossas limitações.

Eventos "vitimizantes" levam-nos à sensação de desamparo. Sentimos que, afinal de contas, não temos nada a fazer em relação ao que nos acontece. Podemos sentir-nos enganados, traídos ou abandonados. Esses sentimentos podem irromper em fúria, fazendo-nos voltar contra o outro ou contra Deus. Ou podemos experimentar uma espécie de desespero e entregar-nos ao sentimento de desamparo. Podemos ficar deprimidos, tentar dormir para fugir de uma vida que perdeu o sabor, ficar sem comer. Uma vez ou outra, já senti todas essas emoções e considerei-as perfeitamente normais. Graças a Deus, elas não vêm todas ao mesmo tempo!

As pessoas reagem de maneiras diferentes a essas experiências de desamparo. Alguns de nós lutam arduamente apenas por lutar, não tentam "resistir", mas simplesmente continuar de pé. Outros se tornam muito agressivos e tentam resistir ou mudar o imutável. Há ainda outros que simplesmente desistem e lastimam, dizendo: "Não há mesmo nada que se possa fazer" e provavelmente acrescentem: "Pobre de mim!"

Eu já reagi de todos esses modos e descobri que nenhum deles funciona realmente. De fato, senti-me muito pior após ter cultivado por alguns dias tais sentimentos, que além de não me ajudarem também não me fizeram sentir melhor. As circunstâncias não se alteraram; pelo contrário, pareceu-me que tudo desabou um pouco mais morro abaixo.

Se essas coisas acontecem com relativa frequência, podemos convencer-nos de que somos realmente vítimas e de que nada podemos fazer a respeito da qualidade de nossas experiências. Então, é claro, habituar-nos-emos a culpar os fatores externos pela confusão que há dentro de nós. Andamos por aí dizendo a nós mesmos e aos outros: "Tive infância difícil", ou "Não aguento mais essas crianças", ou "A Igreja faz-me sentir tão culpada", ou "Deus o levou e agora tenho certeza de que me sentirei só pelo resto da vida". De um jeito ou de outro expressamos a convicção: "Alguém me fez isso. Sou vítima. Não há nada que possa fazer". E essa atitude faz-nos rastejar rumo a um profundo abismo e permanecer por lá.

Se essas descrições lembram seus próprios sentimentos, deixe-me ajudá-lo a olhá-los por outro ângulo. Nossos sentimentos são reais e é preciso que lidemos com eles, mas nem sempre são – e é provável que nem frequentemente – os melhores indicadores da verdade de uma situação. Vamos refletir juntos.

Quando Deus fez os seres humanos, deu-nos um poder único e maravilhoso que muitos de nós não reconhecemos. Apesar de não o utilizarmos com frequência ou até mesmo utilizá-lo tão mecanicamente que dificilmente percebemos o que faz por nós, não há dúvida que se trata de dom de Deus. Pode ser que esse poder esteja enfraquecido pelo desuso ou maldirecionado, mas podemos retomá-lo e desenvolvê-lo. Esse é o poder que muda nossas vidas, se o usamos com critério: *o poder de escolha.*

O poder de escolha não é o poder de determinar todos os acontecimentos em nossas vidas. Algumas circunstâncias estão fora de nosso controle, embora suspeite que são menos numerosas do que pensamos. Não é sempre que podemos escolher os acontecimentos, entretanto podemos *escolher nossas próprias atitudes,* apesar de quaisquer acontecimentos, pessoas, experiências, mistérios – até mesmo perante Deus.

Esse fato sobre o ser humano foi demonstrado nas mais extremas situações. Nos campos de concentração, algumas pessoas encheram-se de repugnância com relação aos seus perseguidores enquanto outras rezavam por eles. Em desespero, alguns fizeram de tudo para assegurar a própria sobrevivência enquanto outros dividiam o pouco que possuíam. Alguns acharam sentido para aquela experiência enquanto outros só conseguiram enxergar um horror sem sentido. As circunstâncias externas eram as mesmas para todos. Foi o posicionamento interno, suas próprias decisões interiores, que os diferenciaram. Essas escolhas deram origem à *qualidade* de suas experiências. Se as pessoas que vivenciaram um verdadeiro inferno foram capazes de escolher suas próprias atitudes, certamente podemos fazer o mesmo. É apenas questão de prática.

Uma das escolhas básicas que todos os adultos fazem é a de tornar-se vítima ou a de assumir a responsabilidade pela qualidade de sua própria vida. Podemos decidir por padrões preestabelecidos, e nesse caso estamos optando por ser vítimas; ou podemos decidir deliberadamente. Se escolhemos deliberadamente, provavelmente optaremos pela responsabilidade. Existem pessoas que gostam de sentir-se indefesas, mas quando as alternativas são claras, a maioria das pessoas optará pela responsabilidade, pois os resultados são incomparavelmente melhores! Quando optei pela responsabilidade, passei a desfrutar verdadeiramente de minha vida. Posso cometer enganos e mesmo assim não me sentir arrasada. Sinto-me segura a respeito de meus relacionamentos e sobre minha própria pessoa. Até mesmo minhas orações e meu relacionamento com Deus estão melhores.

Aprendi sobre a escolha deliberada pela responsabilidade porque me encontrava em um doloroso beco sem saída. Agora percebo que essa experiência pôs fim a minha busca inútil por uma mágica que solucionasse minha vida.

As circunstâncias que estavam fora do meu controle, no meu caso, foram a traição e o abandono de uma pessoa com a qual eu estava profundamente comprometida.

Gostaria de dizer que enfrentei bravamente a situação, que tomei todas as decisões corretas e que continuei dando rumo a minha vida. Entretanto não foi assim que as coisas aconteceram. Senti muita raiva e seriamente ameaçada. Senti que meus alicerces haviam desmoronado e que eu estava me partindo em pedaços! Chorei muito, dormi muito e rezei – regularmente. Era como se eu pedisse: "Ajude-me". "Como pôde fazer isso comigo?" "Por que ninguém faz alguma coisa?" Senti-me enganada, estúpida e exposta. Senti-me vitimizada e usada, mais que isso, senti que estava completamente desamparada..

O pior era que, mesmo estando esmagada por essas sensações, eu reconhecia que nada poderia alterar as decisões da outra pessoa. Então, um dia, minha raiva encontrou novas palavras: "Que eu me dane se deixar que você governe minha vida! Não serei controlada por isso! Não *quero* ser vítima! Eu determino a qualidade da minha vida".

Assim, acho, minhas preces "tortas" foram ouvidas. Tive um momento especial de inspiração: vi que, apesar de estar ardendo de raiva, a determinação de gerar a qualidade de minha própria vida veio do mais profundo do meu ser. Já tinha ouvido falar que as pessoas podiam criar suas próprias atitudes, e era a hora do teste prático. Seria capaz? No meio de todo esse turbilhão, seria eu capaz de escolher?

Procurei alguém que pudesse dizer-me como fazê-lo, mas não encontrei ninguém. (Ou talvez tenha perguntado a pessoas erradas!) Quando olho para trás, sei que falhei várias vezes na tentativa de descobrir de que forma ser responsável, de que forma tornar minha qualidade de vida dependente apenas de mim. Desde então reflito muito a respeito dessa terrível experiência e tenho praticado mais e mais minha responsabilidade.

Coloco aqui alguns pontos que me ajudaram bastante; espero que você os ache úteis.

Decida ser honesto com você mesmo a respeito do que está acontecendo em seu interior. Você só poderá adotar nova atitude, quando estiver absolutamente seguro de como você se sente. Não *avalie* seu estado interior muito rapidamente. Apenas olhe para ele. Dê nome aos seus sentimentos. Se, ao olhar para dentro de você, encontrar dor, lágrimas e arrependimentos, tome nota de todos eles. Aceite honestamente sua presença e estude como é que eles foram parar aí dentro de você.

Aceite as circunstâncias como fato consumado. Não temos de aprovar, gostar ou querer essas circunstâncias, mas é importante que as reconheçamos e que aceitemos que elas não podem ser alteradas. Ajudou-me muito ter a certeza de que elas não se modificariam. Chorei muito por causa disso, mas aceitei a "situação sem remédio" como fato consumado. Com a aceitação veio certo alívio. A capacidade para escolher saiu fortalecida.

Procure seus sentimentos fundamentais. Trata-se daqueles sentimentos que são seus, independente de qualquer coisa. Eu havia amado muito aquela pessoa. Continuava amando-a? Sentir que amava mesmo estando em frangalhos, isso quase terminou comigo – ou assim pensava: mas não havia jeito, o amor estava lá. Era um de meus sentimentos fundamentais.

Explore todas as maneiras pelas quais esses sentimentos fundamentais podem levá-lo mais próximo de Deus. Não há fórmula para isso. Acredito, entretanto, que os sentimentos fundamentais de qualquer pessoa são essencialmente bons. Todos nós, não importa quão fundo tenhamos de cavar, descobriremos, bem lá no fundo, que amamos ou queremos amar, que somos gentis ou queremos ser gentis, que somos saudáveis ou queremos a saúde, que somos bons e que desejamos a bondade. Nosso desrespeito a essas "bases" é que pode muito bem ter-nos levado aos problemas. Tudo de bom que existe em nós irá crescer e multiplicar-se, se atuarmos para que isso aconteça. Esses sentimentos fundamentais são dons de Deus e podem levar-nos até ele.

Leve para a oração seus sentimentos fundamentais. Comece a explorar seu interior na presença de Deus. Focalizando o amor em minhas preces, logo descobri que o amor e a confiança que nutri por aquela pessoa não eram tão puros. O amor estava misturado com a necessidade. De certa forma, havia me entregado a outra pessoa, esperando que com isso não houvesse necessidade de viver minha própria vida. Em outras palavras, apesar do desconhecimento desse fato, eu havia misturado amor com irresponsabilidade. Agora vejo, com calma e muito envergonhada, que grande parte de minha dor estava ligada ao medo de ser responsável. Percebi que aquele amor me fortaleceria se não houvesse nada misturado a ele. Todos os bons sentimentos fundamentais trazem consigo esse fortalecimento.

Opte por evocar e focalizar os sentimentos positivos sempre que puder, o máximo que puder. Recorde-se de que você escolheu tal sentimento. Você não é indefeso em sua vida interior. Você deve ser responsável pela qualidade de sua vida em qualquer circunstância. Faça isso agora – neste momento... e no próximo... e no próximo.

Seja grato e expresse sua gratidão. Você pode começar a se sentir grato apenas por estar vivo! Depois, com o tempo, você pode tornar-se grato por sua inspiração, pelo poder de escolha, pela opção de ser responsável.

Você se sentirá recompensado na presença de Deus. Então, um belo dia, você será grato até pelas circunstâncias que, mesmo estando fora de seu controle, o recolocaram nos trilhos, que o auxiliaram a parar de ser eterna vítima e o levaram a criar a qualidade de vida que você desejava ter com o auxílio de Deus.

Os resultados dessa prática podem manifestar-se subitamente. Alguns de nós já estamos maduros para isso. Ou, talvez, os resultados demorem um pouco mais para aparecer, mas com certeza virão. Quando aceitamos a responsabilidade integral por nossas vidas, as coisas simplesmente mudam. Os sentimentos modificam-se, nossas necessidades são satisfeitas de modo diferente e com maior eficiência. As circunstâncias também mudam. Fazemos pequenas escolhas todos os dias e elas, em retorno, afetam as situações mais importantes.

Os resultados que encontrei em minha experiência pessoal podem ser resumidos na consciência de meu poder pessoal, o que nem de longe significa o *poder* sobre o outro. Também não significa que tudo passou a andar de acordo com meus desejos. Significa dizer que estou consciente da capacidade de viver maravilhosamente bem o que Deus colocou dentro de mim – e em você! O poder pessoal me dá a capacidade de entender o significado e as possibilidades de crescimento em cada situação. Com o poder pessoal sei que posso passar por cima da situação e que também posso fazer que coisas maravilhosas venham para minha vida. Com o poder pessoal não sou mais uma vítima das ações de outras pessoas. Estou consciente de que, de alguma forma, contribuí para as ocorrências dolorosas de minha vida, mesmo que simplesmente por "nada ter feito", e por isso eu as aceito. Mas, uma vez que tenha aceito isso, posso escolher com maior facilidade qual atitude trará qualidade positiva para minha vida como um todo.

Tudo o que mencionei não significa que eu não me sinta péssima em algumas situações. Os sentimentos desagradáveis vêm, trazem o caos e vão-se embora. Mas agora eu sei que não preciso ser vítima de meus próprios sentimentos. Eles não são definitivos nem são maiores que o poder de escolha que Deus me deu. Então, mesmo quando sou pega de surpresa, sei que eles não estão aqui para ficar. Alguma coisa muito mais forte e agradável está aqui para ficar: escolhi não ser vítima; escolhi ser responsável pela qualidade de minha vida. Isso é poder.

Sugestões para preces

Se você deseja orar pela responsabilidade com suas próprias palavras, ótimo! Você pode considerar:

– Apare com Deus as arestas do momento – circunstâncias, sentimentos, dores e desejos.

– Peça a Deus que o ajude e o guie em direção à responsabilidade.

– Confesse a Deus sua intenção de criar uma vida agradável, mesmo sob essas circunstâncias.

– Entregue todos os resultados a Deus (não é fácil, mas liberta!).

– Agradeça a Deus.

Ou pode ser que você ache mais fácil começar com estas palavras:

Querido Pai, obrigado por me amar, mesmo que agora não esteja sendo fácil entender seu significado de seu amor por mim. Sinto-me tão indefeso, não somente agora, mas muitas vezes em minha vida. Sinto-me preso em uma armadilha e inseguro. E isso dói muito. Algumas vezes fico com raiva e com medo, até mesmo de você. Quero que minha vida seja bela e estou disposto a fazer o que for necessário para torná-la bela. Por favor, ajude-me. Por favor, guie-me. Mostre-me de que forma posso aprimorar minhas escolhas.

Ofereço tudo a você. É tudo o que posso oferecer neste momento. Também ofereço todos os resultados que minhas decisões responsáveis produzirem. Obrigado por entender-me e por ter-me dado o poder de escolher a qualidade de minha vida.

Sugestões para leitura da Bíblia

A reflexão sobre estes versículos pode auxiliar você:

Deuteronômio 30,19.20
Salmos 119, 25-32.173
Lucas 10,41.42
João 14,1.27
1Coríntios 2,9
Salmos 8,5-10
Salmos 139,14-16
Provérbios 20,22

2
Do sofrimento à mansidão

Há dias em que não quero admitir a existência da dor. Simplesmente não quero dar bola para ela! Há outros dias em que não há nada que eu possa fazer – simplesmente sinto o sofrimento, embora preferisse não senti-lo. Meu desejo era que ninguém passasse pela experiência da dor. Com certeza, porém, assim como você, já tive medo da dor, odiei-a, combati-a e evitei-a ao máximo.

A sociedade aumenta nosso medo da dor. A mídia insiste em que a dor não só deve ser evitada a qualquer preço, como também insiste em que há algum distúrbio psicológico anormal se a aceitarmos. Acreditamos no conforto, o que é natural. Eu também gosto de sentir-me confortável, mas não acredito que essa visão da vida seja realista. Para piorar, o conforto crônico deixa-nos com poucos recursos para lidar com a dor quando ela vem.

E ela virá. A dor é parte normal da experiência humana. Passaremos por ela em algum momento de nossa existência. É lógico que não a desejamos, porém somos completamente normais somente se experimentamos a dor. Não podemos evitá-la para sempre. Se não sofremos hoje, certamente sofreremos mais cedo ou mais tarde – sem sequer termos procurado por isso! A dor pode vir para ficar por longo tempo ou apenas para uma "visita rápida". Portanto, parece-me que já que *teremos de* sofrer por alguma coisa *é melhor que soframos por algo que realmente valha a pena*. E, por fim, podemos aproveitar a dor que a vida nos traz em vez de desperdiçá-la.

Meu esforço para compreender e aproveitar a dor começou há mais ou menos vinte anos, na cadeira do dentista. (Eu tremo só em pensar nisso. Você não?) A partir dessa experiência, comecei a tentar entender a dor emocional, pois eu também sentia um montão delas. Acho que a compreensão me ajudou e talvez também possa ajudar você.

Muito a contragosto, aprendi que a dor tem um propósito. Ela tem a função de alertar-nos de que alguma coisa não está "funcionando bem". Sentimos dor quando algo acontece de errado em nosso corpo ou em nossa mente, ou até mesmo em nosso espírito. Entretanto, nossa tendência é encarar a dor como inimiga e combatê-la frontalmente. Quase nunca paramos para pensar na mensagem que a dor está querendo transmitir-nos. Quando corremos para a caixa de aspirinas ou para outros "truques" para aliviar a dor, podemos estar apenas tentando lutar com ela em vez de aproveitá-la a nosso favor. Esses truques são úteis algumas vezes, porém, cedo ou tarde, teremos de descobrir qual é a causa de nossa dor. É para isso que ela serve. Se há algum inimigo, este está na origem da dor e não na dor propriamente dita. Desse modo, a primeira utilidade da dor é a de levar-nos a enxergar a raiz do problema. Somente se a descobrirmos teremos alguma chance de identificar o combater o inimigo.

A segunda e talvez a melhor oportunidade que a dor nos oferece para isso é quando vem para ficar conosco por uns tempos. Sinceramente, quanto mais a dor permanece, menos gostamos de sua presença, mas não se esqueça do fato de que essa "dor permanente" é uma de nossas melhores chances para utilizar o poder de escolha. Podemos *decidir* como essa dor irá servir-nos.

Além da escolha, Deus deu-nos outro poder que raramente usamos e que pode ser muito valioso: o poder da atenção. Geralmente, nossa atenção é *presa* por estímulos como por exemplo a TV, uma pessoa, uma paisagem, o surgimento de uma emoção. A dor também prende minha atenção! Se bati meu cotovelo, então me apercebo de meu cotovelo e tomo consciência de todas as suas terminações nervosas. Então, passo a prestar atenção no que faço com meu braço até que a dor passe. O início de uma dor emocional pode não ser tão traumática, mas sem dúvida requer muito mais nossa atenção.

O problema é que a atenção que se presta influencia mais do que imaginamos ou até mesmo queremos. Existe um velho ditado que diz: "O que prende sua atenção, prende *você*". A atenção pode transferir mais poder ao agente da dor, a não ser que nosso propósito seja maior e mais claro. A atenção pode canalizar tanto poder que passei a tomar muito cuidado com o modo de utilizá-la.

Foi em um período de profunda dor emocional que descobri o quanto a dor é capaz de provocar uma qualidade de atenção em mim muito poderosa e criativa. Foi muito penoso deixar que isso acontecesse, e ainda o é, mas vale o esforço.

Quando a dor de determinada situação pareceu estar pronta a me dominar, passei a tomar muito cuidado comigo como um todo. Achei que não poderia aguentar por muito mais tempo e, em uma atitude autodefensiva, comecei a considerar menos a dor e a prestar mais atenção em mim mesma. Descobri que há uma parte de mim que pode *cuidar-se deliberadamente*. É como se fosse um lugar fora de mim. De fato, nesse lugar misterioso, eu senti – não propriamente em paz, mas em estado neutro – como se a dor não pudesse alcançar-me ali. Nesse lugar de atenção concentrada havia uma noção diferente de mim mesma. Então eu pensei (e ainda penso) que o poder da atenção está mais perto do meu verdadeiro "eu" do que em qualquer outra parte de mim. A dor levou-me a isso e me manteve assim até que eu tivesse feito a descoberta.

Quando a dor vem para ficar por uns tempos, minha primeira reação é conversar com ela. Peço-lhe que me conte tudo a seu respeito, como se sente, como se transforma, o que está fazendo comigo. Quero ter intimidade com a dor, e ela prenderá minha atenção até que eu lhe dê outro rumo.

Então uso a dor como um indicador e procuro por suas causas e possíveis utilidades. Se presto atenção com calma, as utilidades vêm à tona, como se a dor quisesse contar-me sobre elas. Aqui vai um pequeno exemplo. Enquanto escrevo, sofro de terrível dor na boca, pois estou com aparelho novo que faz os dentes doerem quase que o tempo todo. Sei a causa e sei que essa dor não vai passar tão cedo. Mas posso usar a dor na boca para me lembrar de outras coisas – da gentileza de meu ortodontista, ou de agradecer aos modernos avanços na medicina, ou mesmo a Deus por sua consideração por mim e por todos nós. Utilizando a oportunidade causada pela dor, posso prestar atenção a essas outras coisas, que são muito mais importantes.

Há muitas outras possibilidades para você descobrir. Uma delas parece-me ser a melhor de todas. Não acontece facilmente e com frequência, mas é a que traz os melhores frutos. Por um momento, consigo ver a qualidade da atenção em si.

É algo parecido com tentar enxergar meu próprio rosto sem um espelho e, em momentos especiais, alguma coisa dentro de mim vê minha atenção e posso quase tocar aquele centro de poder criativo. Então explode uma alegria, ou uma grande paz se esparrama, ou uma clarividência ou mesmo amor. Esses são os frutos da atenção e sua promessa de criatividade. Eu não os quero perder de forma alguma. Apenas a atenção é capaz de trazê-los e a melhor oportunidade da atenção é a dor. Essa nunca seria a situação que eu escolheria, mas é a única que realmente funciona.

Esses momentos de notar nossa própria atenção podem ser repetidos sem a dor, mas é muito mais difícil. Essa atenção concentrada está no cerne das orações contemplativas e leva-me diretamente à imagem de Deus que está profundamente dentro de mim. A *prática* da atenção é a base da espiritualidade. E isso exige muito, mas, eventualmente, pode abrir-nos completamente para Deus.

Há alguns anos perdi uma pessoa que amava muito. O pesar caiu sobre mim, como acontece com qualquer pessoa normal. Mas parecia-me que cada poro estava saturado de dor. Não saí de casa durante longo tempo. Chorava, pedia e rezava, sabendo que possivelmente um dia iria me sentir melhor – caso aguentasse até lá!

Durante esse processo, conscientizei-me, muito lentamente, de que estava acontecendo algo que eu não havia escolhido, mas que sempre havia sido capaz de escolher: não só me tornei mais sensitiva como mais gentil. A dor abrandou alguma coisa dentro de mim que necessitava ser abrandada. A beleza tocava-me e me comovia mais facilmente. A dor de outras pessoas levou-me a experimentar outro tipo de compaixão. Tornei-me mais cuidadosa com as palavras e com o tato. Comecei como que a andar na ponta dos pés o dia inteiro, mansa mas vibrantemente viva para mim e para tudo a meu redor.

Os profetas do Antigo Testamento estão repletos dessa revelação. Não a achamos atraente; porém, se não ficarmos presos apenas ao aspecto da dor, veremos que os profetas revelaram algo que vale a pena sobre Deus e sobre nós mesmos. É o seguinte: geralmente somos duros de coração. Não somos flexíveis com Deus. Não seguimos seu caminho com facilidade e costumamos iludir-nos de que o fazemos. Todos nós sabemos quantas vezes concordamos com as palavras de Deus e, no entanto, quase nunca as pomos em prática. Não sou melhor que os outros. Os profetas dizem – em linguagem clara e nítida – que Deus enviará dor ao seu povo por causa de seu coração duro, *em um último esforço para abrandar esses corações.*

Deus promete trocar corações de pedra por corações de carne (ver Ezequiel 11,19-20). Nossa vida cotidiana parece não servir muito para abrandar nossos corações, ou talvez não deixemos que isso ocorra. Mas a dor abranda. Eu já experimentei essa situação e agora sei que o que Deus expressou através de seus profetas não era desejo de vingança, mas o que hoje poderíamos chamar de "amor obstinado". Nós *precisamos* ter corações mansos para sermos completamente humanos; e se rejeitarmos esses corações, Deus nos fará sofrer para que os abrandemos. Não conseguimos entender esse fato apenas com nosso lado racional. Devemos deixar a dor fazer seu trabalho dentro de nós e experimentar seus efeitos sem nos revoltarmos. Então saberemos por que isso acontece!

É mais ou menos o que ocorre quando tenho dor de cabeça. Procuro caminhar mais devagar para que ela não piore. A dor interior insiste em que eu me comporte com cautela e com muito mais atenção. Já que sempre fui uma pessoa na defensiva, é maravilhoso que essa suscetibilidade conduza a se expressar em desvelo e mansidão.

De minha primeira experiência eu queria que a mansidão viesse para ficar; então procurei familiarizar-me com ela. Deixei que a dor me guiasse à mais duradoura conscientização de minha própria capacidade de ser "gentil" com a vida. E foi realmente uma boa surpresa! Fui capaz de apegar-me à mansidão e crescer um bocado. Não é sempre que consigo ser "gentil", mas o sou cada vez mais do que antes. Algumas vezes sou capaz de deixar que a mansidão flua em mim mesma sem a ajuda da dor e isso é simplesmente maravilhoso!

O melhor fruto da mansidão "induzida" pela dor veio através da prece. Não estou me referindo à oração para pedir alguma coisa, pois esta nunca é difícil. Refiro-me ao silêncio, àquele tipo de prece silenciosa que deixa meu ser em paz, que me permite ouvir os mais profundos ensinamentos divinos, sem uma só palavra, à oração que um dia poderá ser tão profunda que Deus poderá fazer algo comigo, tornando-me capaz de recebê-lo plenamente.

Os santos místicos, como São João da Cruz, sempre exaltaram a Deus pelo sofrimento. Por muitos anos isso não fez o menor sentido para mim; preferia pensar que eram todos masoquistas! Mas agora entendo, através de minha experiência com a dor, o que os santos estavam querendo dizer.

A dor pressiona-me a estar atenta ao mesmo tempo que eleva minha suscetibilidade. Torno-me gentil comigo mesma e com a vida, até mesmo com Deus. Sou mais atenciosa, mais carinhosa; eu recebo mais.

A prática da atenção com mansidão, como expus anteriormente, é necessária para uma oração profunda e silenciosa – atenção sem palavras, sem imagens. Os orientais chamam essa prática de "atenção nua", pois está despida de todos os objetos usuais, e é exatamente isso o que ela é – atenção e nada mais. Atenção a Deus pura e simples (a qual não pode ser adequadamente explicada ou retratada). E esse é o tipo mais profundo de oração.

A atenção é mais estável quando existe mansidão interior, quando meu coração não está tão duro. Ser menos rígida significa ser mais receptiva e aberta – ter um "coração de carne".

Esse é o fruto da dor ao qual sou mais grato. Ainda sou criança nesse tipo de oração. Mesmo assim, como os santos disseram, a dor (ou o sofrimento) é minha maior ajuda. Por que isso é assim, não faço a menor ideia, mas funciona. Por enquanto é o que basta saber.

Se sua dor é de "curta duração", seu fruto pode não ser tão óbvio. Mas estes pontos serão boa prática de qualquer maneira. Se sua dor vai ficar um pouco mais, por favor, não a desperdice. Decida procurar na dor a fonte da atenção e da mansidão de que seu coração necessita. Não sou especialista e ainda tenho muito que praticar com a dor, mas aqui estão alguns pontos que me auxiliaram e espero que você os ache úteis.

Aceite a dor que está sentindo como fato normal. Ela está aí, sim, e dói. Não a negue. Mesmo que você consiga convencer a si mesmo, a rejeição é desperdício. Não lute contra a dor e não se culpe. Isso tira a energia de que você necessita para manter a dor e realizar o trabalho que ela lhe oferece. Apenas diga a si mesmo: "Estou realmente sofrendo".

Atente para sua dor. Note-a. Veja como ela trabalha em você. Que ela faz? Você também pode perguntar sobre suas causas. Se você puder modificá-las, certamente as modificará. (Nós tiramos a mão do forno quente, não tiramos?) Se você não puder modificá-las, deixe que a dor lhe ensine sobre você. Como seu corpo reage à dor? Como você se protege? Como você é afetado pela dor?

Preste atenção nas emoções que a dor traz à tona. Você sente medo? Raiva? Ambos? Talvez desamparo? Irritação? Atente para essas emoções. Nesse momento não tente modificá-las. Elas são parte de você. Você tem de conhecê-las. Se de nada adiantar, pelo menos você estará mais preparado para a próxima vez que vier a sofrer. Seja paciente com a dor e com as emoções que está sentindo. Deixe-as ficar em você. Sobretudo, não tente "manejá-las" rapidamente com noções do tipo "ponha nas mãos de Deus". Para alguns, em certas situações, isso ajuda. Se é assim com você, ótimo. Mas acho muito mais útil rezar pedindo iluminação e força interior para não desperdiçar a dor. Não sou muito boa em "deixar o barco correr", enquanto minhas emoções não cumpriram seu dever. Deus estará por perto e você terá muito tempo para dar suas emoções a ele depois.

Decida o que você quer que essa dor faça por você. A dor pode ter ideias a respeito; e, se você as observou com cuidado, já pode saber exatamente quais são. É sábio seguir as sugestões da dor. Se você não descobriu nenhuma, pode buscar algumas ideias para auxiliá-lo. Você pode deixar a dor ajudá-lo a agir se há alguma situação ruim que possa ser remediada. A dor é um motivo efetivo. Ou você pode desejar que a dor o ensine como utilizar o poder da atenção. Só você pode decidir como mudar a si próprio. Bom! É assim que crescemos.

Não apresse a dor que está sentindo e não seja desagradável com ela. Deixe-a fluir; deixe que ela complete seu trabalho em você. Você será "manso" por necessidade, pois somente a mansidão pode fazê-lo suportar a dor. Se a compaixão pelo mundo e por suas criaturas for o resultado de sua dor – que grande bênção! Se você passar a se sentir mais vulnerável – isso também é uma bênção, pois dessa forma será capaz de receber mais da beleza, mais do amor, mais de Deus.

Deixe a dor canalizar sua atenção para a oração. Confesso que acho a oração profunda e silenciosa muito difícil e que às vezes não me sinto feliz em estar caminhando para ela. Mas, para mim, essa oração mais profunda é mais fácil e melhor quando estou sofrendo. Quando estou me sentindo confortável, é mais difícil rezar com essa atenção, porque minha teimosia quer estar onde o prazer está. É por isso, em minha opinião, que os santos eram frequentemente ascetas. Talvez eles também orassem mais profundamente quando alguma coisa os magoava a ponto de "prender" sua atenção. (Não estou sugerindo que você ou eu mesma procuremos pela dor. A vida nos oferecerá o suficiente sem que tenhamos de pedir por ela!)

A atenção conduzida pela dor é purificadora, como o fogo para o ouro. Como estou mais pura, posso receber mais de Deus. Em meu entender, é para isso que a vida serve. Então Paulo estava certo quando escreveu: "Considero que os sofrimentos presentes nada são se comparados com a glória a ser revelada em nós" (Romanos 8,18).

Sugestões para preces

Pai, estou sofrendo e não gosto de sofrer. Mas realmente a dor está aí; então, por favor, ajude-me a não desperdiçá-la. Não quero passar por isso à toa. Quero que essa experiência produza frutos dentro de mim. Quero que essa dor me auxilie a conhecê-lo melhor e a ficar mais perto de você. Ajude-me a aprender essas lições.

Preciso sentir o seu amor. Necessito da força que você pode dar-me – força para ser paciente, para usar ativamente minha dor. Ajude-me a escolher o melhor caminho para responder ao sofrimento, para que meu desejo por você possa estar mais perto de ser preenchido. Amém.

Algum dia você será capaz de agradecer a Deus a dor que está sentindo agora. Pode ser que você seja capaz de agradecer-lhe agora. Se é assim, então agradeça. Mas não minta para ele. Quando você estiver pronto para lhe agradecer de verdade e livremente – e apenas então – não perca a chance!

Sugestões para leitura da Bíblia

Salmos 40,1-4; 77,1-15; 86
Provérbios 17,3
Sabedoria 3,1-9
Lucas 17,25
Hebreus 5,8
Mateus 5,7; 12,16-21
1Pedro 2,19-23; 3,13-17
Romanos 8,17.18
1Coríntios 13,3-7

3
Da paralisia à ação

A árvore tinha vinte e um metros, ou pelo menos foi o que me disseram. Havia vinte de nós agrupados próximos a sua base, usando correias e capacetes. Os galhos da árvore foram cortados e substituídos por pinos resistentes, cuidadosamente colocados. A aproximadamente 4 metros do topo havia uma plataforma de metal suspensa, fixada por cabos presos em outras árvores. Nosso desafio era escalar a árvore e saltar para a plataforma. Nosso líder disse que não havia perigo, pois estávamos com cabo de proteção atado às nossas correias e esse cabo interromperia nossa queda, caso isso acontecesse.

Olhando para cima – bem para cima – para a plataforma, eu sabia que o líder havia dito a verdade. Se ele não houvesse dito a verdade, todo esse trabalho não existiria. Tudo o que ele dizia fazia o maior sentido – em minha cabeça. Meu interior, entretanto, não captou a mensagem. Eu senti medo, um medo esmagador, que se espalhava rapidamente do meu íntimo para meus braços e pernas. Antes que me paralisasse, dei um passo à frente (como solicitaram) e disse: "Meu nome é Marilyn e eu aceito o desafio. Estou morrendo de medo!"

Os pinos estavam muito separados e eu estava tremendo. Deveria ter desistido a 3 metros do chão e não ter ligado para os gritos de encorajamento de meu grupo. Um pino por vez, escalei aquela árvore esguia e ondulante. Pareceu levar uma eternidade, apesar de ter tido a sensação de que cheguei ao topo cedo demais! A plataforma parecia estar a uma distância de um campo de futebol, lá longe, balançando no ar. Fixando o olhar na plataforma e tentando não olhar para baixo, fiquei dura de medo. Mas o grupo continuava incentivando-me. De repente senti raiva de mim mesma. Tinha tomado uma decisão. Devagar e com cuidado, de costas para a árvore, segurei nela com as mãos para trás. Então, dando uma espiadela nas amarras lá embaixo, arremessei-me o mais à frente que pude e errei a plataforma! Em um piscar de olhos, caí. Então o cabo de segurança funcionou e deslizei suavemente para o solo. Mal toquei o chão e meu grupo me encobriu com abraços calorosos. O estímulo tomou conta de mim e eu senti como se pudesse voar de volta àquela plataforma.

Essa experiência durou apenas alguns minutos e dela tirei uma lição para toda a vida. Aprendi *em meu* próprio corpo, onde a probabilidade de esquecer é muito menor do que se tivesse aprendido apenas com minha mente. Mais tarde, refletindo sobre a experiência, percebi várias coisas maravilhosas.

Primeiro, tive nova e verdadeira convicção de que o medo nunca mais me levará a tomar decisões. Sempre fui medrosa. Desde criança o medo esteve me atrapalhando quase que diariamente. Acho que o medo nunca me deixará completamente; é como se fizesse parte de minha maquiagem. Mas agora sei que, embora o medo possa existir, ele jamais me levará a tomar decisões. Decidirei por mim mesma e não porque estou apavorada.

Segundo, notei que *enquanto me movimentava, o medo desaparecia*. Agi e libertei-me do medo. Isso é uma coisa que vale a pena saber. A habilidade em agir, saltar, no meu caso, foi provocada pelo apoio do grupo e por meu próprio desgosto em estar tão petrificada. Em outras pessoas a causa geradora da ação pode ser diferente. Uma de minhas companheiras nessa experiência era uma senhora muito frágil que tinha intenso medo de altura. Sua decisão de saltar foi provocada pelo humor. Quando ela estava paralisada lá no topo, alguém gritou: "Ei, faça como Tarzan e pule!" Então aquela senhora deu uma sonora gargalhada, um grito horripilante e saltou. Seu medo também desapareceu.

Terceiro, eu estava profundamente consciente da *decisão de acreditar* no cabo de segurança e no inventor de todo esse aparato. Aceitei o que a razão estava me dizendo, em lugar das outras coisas sugeridas pelo medo. Acreditei que o cabo de segurança realmente poderia segurar-me antes que meus ossos fossem esmigalhados.

Hoje, esses três pontos, mantidos para sempre em meu corpo, parecem formar um todo. O todo que me auxilia a ser confiante na vida em vez de ser medrosa. Coloco aqui como eles se ajustaram a minha vida e espero que você os ache úteis em sua.

Porque eu aprendi que podia escolher e porque eu aceitei a responsabilidade de criar a qualidade de minhas experiências, comecei a examinar meus temores. Em que eles contribuíam para a qualidade de minha vida? Bom, o medo não parece ser grande contribuição a não ser para me manter longe da pista dos caminhões e coisas parecidas. Parece que o medo me impediu de vivenciar experiências que eu realmente queria, experiências que poderiam ter-me enriquecido. Então, decidi que o medo já não terá poder em minha vida.

Para isso foi necessário que eu soubesse um pouco mais sobre o medo. O dr. Gerald Jampolsky, psicanalista da Califórnia, foi de grande valia. Ele diz que existem duas realidades emocionais básicas: Medo e Amor. O amor possui orientação exterior e é básico em nossa natureza. O medo faz-nos voltar para nós mesmos e é uma reação egocêntrica, um esconderijo. Então, argumenta o Dr. Jampolsky, quando decidi não ser mais controlada pelo medo, abri o caminho para o amor. É uma escolha básica e poderosa, uma decisão de ser verdadeira com meu verdadeiro eu.

O argumento pareceu-me bom. Daí descobri que o medo estimula grande quantidade de energia. Existem a energia física, a energia mental e um conjunto de energias que, por um momento, parecem não ter nenhuma qualidade específica. Elas apenas existem. Se o medo as captura, elas levam-nos à introspecção ou fazem-nos correr de nós mesmos. Em outras palavras, quando ameaçados, usamos essas energias para proteção ou para fuga, algumas vezes fisicamente, outras com sentimentos e palavras. Quando a ameaça pega a energia, que ela própria estimulou, determina quais serão minhas ações.

Mas isso não precisa acontecer. O poder da escolha responsável é maior que o poder do medo. *Sempre* posso escolher entre o amor e o medo. Toda vez que começo a sentir medo, retomo minha energia e decido onde colocá-la. A escolha não é emoção e não pode ser destruída por emoções. Posso fazer o que quiser com a energia do medo. Posso utilizá-la para a ação – *posso* saltar para a plataforma.

Minha decisão será fortalecida por um movimento em direção à confiança. Dando as costas ao medo, voltei-me para o amor e para a confiança, que é prima-irmã do amor. A confiança geralmente necessita de um foco. Para saltar de uma árvore com 21 metros, acreditei em um cabo de segurança. Para não sair correndo de uma sala cheia de estranhos, acredito em minha habilidade em responder ao que quer que seja dito. Para aprender algo novo, acredito no professor que já o sabe. Para tentar praticar os conselhos de Jesus, confio na ajuda de Deus.

Aqui se faz necessária uma precaução: a decisão de confiar não pode ser cega. A confiança não significa que nada prejudicial possa deixar de acontecer. Confiar é decidir acreditar que o que quer que aconteça pode ser contornado "com pequena ajuda de meus amigos" e com muita ajuda de Deus. Conhecer o segredo de não desperdiçar a dor me ensinou a confiar mais facilmente, pois sei que há beleza a ser criada a partir de quase todos os riscos que se corre com a confiança.

Quando decidimos confiar e, então, agir, acontece uma transformação especial. O medo rapidamente dá lugar a um profundo sentimento de aventura. Os resultados são sempre satisfatórios e, em algumas situações, espetaculares. Lembro-me de Don, um rapaz que tinha pavor de sangue, seu ou de outras pessoas. Desmaiou por duas vezes quando outras pessoas haviam se machucado. Ele poderia ter sido útil se não estivesse tão apavorado. Estava envergonhado e aflito por causa dessa limitação. Não estava gostando das escolhas que o medo estava fazendo por ele. Então resolveu "aventurar-se" com todo o seu medo. Confessa que no início não foi nada fácil. Começou a ler sobre o sangue – qual sua composição e o que faz em nosso corpo, seu significado simbólico na literatura e na religião. Gradualmente, começou a experimentar novo sentimento de reverência pelo sangue. Ficou fascinado com o tema.

Mas ainda não tinha enfrentado o sangue frente a frente. Então se decidiu e fez um plano. Iria agir – furar o dedo e observar o sangue. Só pensar nisso foi o suficiente para despertar novamente todo o medo que sentia. "Irei fazer o que tenho de fazer de qualquer maneira", ele insistiu. Deitou-se na cama, pois não queria ferir-se caso desmaiasse! "Eu sei que olhar para o sangue não pode ferir-me." Confiou no que já havia aprendido, apesar do medo estar espalhando-se por todo seu corpo. Dessa forma, decidiu canalizar a energia do medo para a determinação. Então, apesar de sentir-se estonteado por um instante, permaneceu consciente e observou sua própria gota de sangue. Lembrou-se de tudo o que havia lido sobre o assunto e aquela gota lhe pareceu algo maravilhoso. Quando finalmente a enxugou, sabia que seu medo poderia voltar, mas jamais iria paralisá-lo; e que seria sempre capaz de aprender ao invés de desfalecer. Ele estava livre para escolher e havia tomado a decisão da escolha.

A aventura real começou quando ele se sentiu interessado naquilo que outrora o havia apavorado. Hoje é um médico, especialista no sistema circulatório. O medo, encarado e manejado, tornou-se o início de sua profissão.

Don descobriu o segredo da escolha para além do medo e obteve sua recompensa. Não me tornei uma profissional em saltar em árvores. Mas Don e eu, cada um em seu caminho, descobrimos que o medo é de fato uma oportunidade de lançarmos mão de nossas energias para agirmos confiantes através da escolha e, assim, criar muito mais beleza em nossas vidas.

O medo parece ser muito mais rápido que nossos pensamentos. Por isso, os passos que me auxiliaram parecem ser muito vagarosos para uma crise inicial. Mas pratique-os diante de qualquer medo crônico que possua – medo de novas pessoas, medo de falar em público, medo de cometer erros, ou qualquer outro medo que você possa ter.

Primeiro, quando sentir medo, dê nome a ele. Diga: "Eu estou com medo de ....". Torne-o explícito. Muitas vezes você se sentirá meio tolo, porque sabe que o que o apavora não é realmente uma ameaça. Se existe medo profundo, procure por ele e o defina. Por exemplo: "Tenho medo de falar em grupo, porque tenho medo de que eles não gostem de mim".

Note em que direção o medo o levará se ele tomar a decisão por você. Se tenho medo de novas pessoas, por exemplo, nunca conhecerei ninguém que já não conheça, e sei que isso tornará minha vida mais pobre. Ou se tenho medo de cometer erros, nunca tentarei fazer nada diferente. Dessa forma não crescerei e não serei capaz de ajudar qualquer pessoa. Quando você vê a direção que seu medo tende a tomar, imediatamente terá certeza de que não quer que ele controle sua vida novamente.

Quando se sentir apavorado, pare por um momento para perceber a energia em seu corpo. Você está ardendo para fazer algo! De fato, você dificilmente conseguiria ficar parado.

Reclame essa energia para si próprio e decida encaminhá-la na direção em que você realmente quer ir. Márcia, uma jovem mãe de três filhos, estava com medo de mudar-se para outra cidade, porque não conhecia ninguém de lá e nunca havia se mudado antes. Mas ela realmente queria a oportunidade profissional que encontraria lá. Então canalizou a energia do seu medo para a criação de um lar agradável e começou a trabalhar em seu novo emprego. Assim, quando sua energia do medo se esgotou, já tinha se tornado muito mais eficiente em seu novo ambiente como nunca havia imaginado ser possível, e a saudade que sentia de casa quase havia desaparecido. A energia estimulada por seu medo havia se transformado no poder para uma vida nova e maravilhosa. Você pode fazer o mesmo, seja qual for o tamanho da mudança.

Descubra alguém ou alguma coisa em que confiar. Ou confie naquilo que você já sabe. Saltando das árvores, confie no cabo de segurança e no programa que estava seguindo. Um escalador de montanhas tem a coragem de andar sobre uma corda por sobre um rio caudaloso, porque confia na força da mão de um amigo. Pode ser que você confie em sua própria experiência, ou em um amigo, em um membro de sua família, ou em Deus. Antes de agir, pare por um instante para lembrar-se de quem ou em que confia e dê graças por isso.

Agora, não perca mais tempo pensando. Decida! Tome uma atitude! As descobertas daqui por diante são suas. Elas irão empolgá-lo e renovar sua vida. Conte com elas. Você será mais livre porque o medo nunca mais controlará suas decisões.

Sugestões para preces

Uma excelente maneira de orar em qualquer circunstância e talvez, especialmente, quando tiver de decidir sobre o medo é a prece silenciosa e relaxante. Para uma oração silenciosa, relaxamos todo o nosso corpo completamente, enquanto mantemos a espinha ereta. Relaxamos os pensamentos, enquanto os guiamos suavemente em direção a um cenário de paz ou a uma lembrança amada. Então nos permitimos cuidadosamente tomar consciência da presença de Deus ou do amor de Jesus ou da bondade de Maria. Repousamos nessa presença, aproveitando o relaxamento e sentindo a benevolência, a segurança dessa quietude. Então, da mesma forma suave, tornamos a perfazer os mesmos passos listados acima para uma conversa serena com Deus. Contaremos a ele cada um de nossos medos, pedindo ajuda e afirmando nossa confiança nele. Quando terminarmos, permaneceremos ainda mais um pouco, para dar tempo para uma gratidão espontânea. Então, muito devagar, voltamos a nossa superfície, prontos para agir conforme nossa oração de paz.

Sugestões para leitura da Bíblia

Salmos 23; 27,1-5; 34,1-9; 56,4.5; 57; 62; 103; 125,1.2
Provérbios 3,5.6; 15,16
Deuteronômio 31,6
1Crônicas 28,20
Isaías 40,28-31
Mateus 10,28-31; 14,27
Lucas 12,4-7.32
1João 4,18.19
Hebreus 13,5-8
2Timóteo 1,7

4
Da raiva
à energia criativa

Hoje o sol está brilhando e tudo está na maior paz. A raiva parece estar bem longe. Mas há apenas uma semana eu "explodi" – por qualquer coisa. Apesar de isso não acontecer com tanta frequência como antigamente, nunca sei quando a raiva vai irromper em mim.

Estou firmemente convencida de que a raiva não é necessária. É emoção egoísta, perfeitamente evitável, que Jesus não aprovava nele mesmo (ver Mateus 5,21-23). Aprendi por experiência que podemos decidir entre ficar com raiva ou não, em determinada situação, se estivermos muito atentos a nós mesmos. Essa é a parte mais difícil. O momento em que podemos evitar ou escolher a raiva é apenas um flash, e se o perdemos, a raiva toma o controle. Então nos sentimos como se não pudéssemos "fugir de ficar furiosos". Essa pequena frase significa realmente que escolhi a raiva tão rapidamente que nem sequer me apercebi da escolha.

Já que eu decido não me deixar levar pela raiva somente quando estou muito atenta a mim mesma (geralmente quando estou sofrendo), tenho de admitir que às vezes ainda sinto raiva. E você também, não estou certa? Isso simplesmente nos diz que ainda não somos tão maduros quanto Jesus gostaria que fôssemos. Isso não deveria surpreender-nos! Nem deveríamos condenar-nos por isso. Podemos utilizar o reconhecimento de nossa imaturidade para impulsionar nosso crescimento.

Então, vamos refletir sobre nossa raiva, sobre como ela realmente acontece. Quando ficamos furiosos, o que acontece depois? Assumimos nossos sentimentos de raiva e os expressamos da maneira que nossos psicanalistas nos dizem para fazer?

A negação dos sentimentos é certamente muito perigosa para a saúde emocional. A negação *piedosa* também coloca em perigo nossa vida espiritual. Se a raiva está rolando e eu digo: "Não estou com raiva", isso é uma ofensa contra Deus; e a raiva irá voltar-se contra meu corpo, e talvez fazer-me ficar doente. Essa negação é uma mentira, tanto para nós como para Deus. Precisamos admitir para nós mesmos e para Deus o modo como as coisas são dentro de nós na realidade.

Deus é verdade tanto quanto amor. Temos de ser verdadeiros também. Além disso, Deus já sabe como as coisas são realmente! Ele está pronto a nos ajudar, a aproveitar as nossas energias estimuladas pela raiva para fazer alguma coisa construtiva.

Estudos psicológicos recentes, porém, mostram que muitas vezes expressar a raiva torna-a ainda mais intensa. Agindo com raiva, ficamos com mais raiva! Se esses estudos estão certos, então talvez nem sempre seja saudável gritarmos palavrões ou mesmo surrarmos travesseiros. Podemos descobrir por nós mesmos os efeitos de nossa raiva quando a expressamos ou quando não a expressamos. Tente!

Como o medo, a raiva estimula grande quantidade de energia que então fica disponível. Pense em quanto você se sentiu exaurido após sua última "explosão". Para onde foi toda aquela energia? Essa é a questão mais importante.

A raiva não precisa tomar nossas decisões. Não somos vítimas de nossas próprias emoções se não quisermos. Precisamos aprender como canalizar nossas energias nascidas da raiva na direção daquilo que realmente desejamos. Isso é completamente possível – e é possível em qualquer ocasião. Pode não ser fácil.

Embora a raiva seja o resultado e a expressão de nosso próprio egocentrismo, ela pode trazer consigo outros sentimentos que parecem, a princípio, benéficos. Uma explosão de raiva pode fazer-me sentir mais forte. Pode dar-me sentimentos de segurança, como se eu estivesse protegida pela emoção. Mas esses sentimentos são temporários. Eles raramente produzem os efeitos que desejamos. Algumas pessoas, entretanto, mantêm a raiva porque desejam esses outros sentimentos – força, segurança – a decisão de agir assim, porém, é ilusória.

A raiva, quando não contida por escolha responsável, eleva nosso egocentrismo. Há pessoas imaturas para as quais isso pode ser um passo necessário para a independência. Mas para a maioria dos adultos, um ego que se mantém em crescimento, controlando mais e mais sua vida, é uma barreira para o crescimento espiritual. O egocentrismo está no cerne de nossa pecaminosidade. As coisas que nos separam de Deus, ao mesmo tempo, mantêm-nos limitados aos nossos modos egocêntricos de pensar e agir. Se nos esforçamos para diminuir nosso egocentrismo, isso cria uma especial abertura dentro de nós.

Quando optamos por não deixar que a raiva controle nossas ações esvaziando nossa capacidade de decisão, estamos resistindo ao lado egocêntrico de nós mesmos. Esse é o momento pelo qual Deus espera. Sua resposta a essa abertura interior é certa: ele vem para dentro de nós – se o convidarmos. Deus pode dar-nos o que podemos receber e o que necessitamos. Isso pode vir através de um sentimento caloroso para com a pessoa por quem sentíamos raiva, ou de nova compreensão do padrão destrutivo que aprendemos em nossa infância. Ele pode dar-nos consciência de nossa própria limitação; pode aprofundar nosso amor por ele, ou encaminhar-nos para uma oração silenciosa. Seja qual for a graça que ele nos dê, depende de nós aceitar ou não a resposta de Deus que nos diz para tomarmos nossa decisão sem raiva. Já não é um sentimento apenas. É uma realidade.

Então, o "truque" que podemos aprender é prestar atenção em nossa raiva e canalizar suas energias para nossos propósitos, isto é, para criar a qualidade de vida que desejamos quando não estamos cheios de sentimentos de raiva.

Por exemplo, quero relacionamentos abertos e calorosos com os outros. Quando fico furiosa, porém, sou propensa a me colocar muito na defensiva. Essa atitude de ficar na defensiva não me ajuda a ter relacionamentos abertos! Nesse caso, posso decidir não "explodir" e dirigir essa energia para consertar o que aconteceu entre mim e meu amigo. Isso pode significar não dizer nada no primeiro momento, e deixar que o outro fale; então, direcionar o começo do assunto e gentilmente convidá-lo a rever o que aconteceu. Não é fácil e o ego pode atrapalhar. Às vezes o meu corpo treme com o esforço! Mas é preciso que a raiva não me controle, e o resultado é aquele que eu realmente queria: compreensão amigável.

Frequentemente a raiva é ativada por uma coisa específica. Essa raiva passa muito rapidamente.

Mas também há a raiva crônica, que requer um pouco mais de estudo. Ela pode ter-se originado por mágoas na infância, ou pode provir de necessidades cronicamente não satisfeitas, ou pode ter outras causas. Algumas vezes a raiva passageira ajuda a achar a causa da raiva crônica. Em outras ocasiões, a pessoa apenas precisa descobrir como a raiva crônica funciona no presente.

Embora meus acessos de raiva tenham me levado a querer compreendê-los e a descobrir a visão de Jesus sobre isso, minha raiva crônica foi a que mais teve a me oferecer. Quando escolhi ser responsável, notei que muitos de meus hábitos e respostas não funcionavam bem para mim. Queria mais liberdade interior, mais criatividade, mais crescimento e relacionamentos mais profundos. Observando minha raiva crônica, vi que ela dispersava sua tremenda energia em críticas infrutíferas e tensas a coisas que eu não poderia mudar. Então comecei a deixar as críticas e resolvi mudar as minhas próprias atitudes, hábitos e atividades que para nada contribuíam.

A determinação alimentada pela raiva pode ser uma força poderosa. Um professor inglês disse-me em um seminário que ele havia sido estudante na Inglaterra durante a segunda guerra. Os bombardeios sobre a Inglaterra haviam começado. Um dia, quando ele estava na biblioteca estudando hebraico, soou o alarme antiaéreo e ele deveria juntar-se aos outros na corrida por abrigos. Mas daquela vez ficou com raiva. Continuou sentado em sua mesa, dizendo: "Dane-se! Quando isso acabar, alguém vai querer saber hebraico!" E ficou lá memorizando os verbos em hebraico enquanto os aviões sobrevoavam. (Será que preciso dizer que seu hebraico é perfeito?)

Se aquele estudante pôde usar sua raiva para aprender hebraico durante um bombardeio, então também podemos utilizar nossas energias estimuladas pela raiva para uma grande variedade de propósitos. Se nossa raiva tende a se exteriorizar, podemos decidir mudar alguma coisa a nosso redor: rearrumar a casa, iniciar mudanças na paróquia, procurar emprego diferente, procurar um hobby. Quando nossa raiva tende a se interiorizar, podemos usar essa energia para mudar um hábito: parar de resmungar sobre as crianças, ouvir os outros com mais cuidado, ou acomodar-nos diariamente em um lugar calmo para orar. O propósito para o qual cada indivíduo escolhe canalizar suas energias estimuladas pela raiva é inteiramente de sua livre escolha. A única coisa importante é que esse propósito contribua para a *qualidade* de sua vida e para os relacionamentos que queira criar. Se você está tentando alguma coisa que ainda não funcionou, você sempre pode escolher novamente.

Há uma coisa estranha sobre a vida: parece que toda vez que começamos a aprender algo novo, a vida dá-nos grandes oportunidades de praticá-lo. Isso aconteceu comigo quando aprendi a canalizar a raiva com criatividade. Estava estudando para o mestrado e havia trabalhado muitos meses em uma tese que poderia determinar a direção e o sucesso de meu programa. Um dia antes da apresentação, levei a tese ao chefe do departamento para a revisão final – eu a estava checando com ele regularmente durante três meses. Ele olhou calmamente para mim e disse: "Você sabe que não vai decolar, não sabe?" Fiquei estupefata. Em minha mente via meses de trabalho desperdiçados.

"Por que não?", perguntei, começando a agitar-me interiormente. Ele explicou-me em três frases curtas e estava certo.

"Por que não me apontou isso antes?", repliquei, dificilmente acreditando que ele pudesse ser tão claro.

"Eu esperava que você descobrisse por si mesma", ele disse sorrindo.

Não posso descrever a confusão, o desespero dentro de mim. Estava com tanta raiva que não sabia o que fazer. Então, com medo de antagonizar com esse homem, eu saí. Quando cheguei a meu apartamento, estava enfurecida e esmigalhada por dentro e queria esmigalhar alguém também. Estava completamente perdida. Não tinha a menor ideia de como arrumar a tese para a apresentação no dia seguinte!

Então *notei* o quanto eu estava furiosa e me segurei. Lembrei-me de minhas novas descobertas para desafiar a raiva com responsabilidade. Sim, eu havia tirado uma carta ruim, mas ainda podia decidir como jogar. Com muito esforço, lembrei-me da qualidade de criatividade que queria para essa tese. Mas não pensei que fosse possível fazê-la em uma noite. Também percebi que não poderia fazer nada de aproveitável nesse estado de fúria. Meu irmão psicólogo disse-me uma vez: "Seja sempre gentil com você mesma durante uma crise". Então decidi ser boa para comigo: fui até um restaurante de onde podia ver o oceano e pedi algo bem extravagante. Eu olhava para a água, tentando pensar na comida – em qualquer outra coisa que não fosse no problema. Com grande determinação, saboreei a refeição e só me permiti trinta segundos para pensar no dinheiro que estava gastando.

Parece impossível permanecer com raiva quando tudo está em paz e confortável, até mesmo o estômago! Então fui me acalmando gradualmente. E, enquanto observava o ritmo das ondas, uma ideia inesperada surgiu em minha mente – a tese poderia ser alterada; eu podia ver agora; eu sabia a quem recorrer para me ajudar. Minha raiva transformou-se em excitação com relação à nova possibilidade. Corri para casa a fim de tentar.

Para encurtar a história, a tese foi alterada em tempo e passou facilmente. O que é mais interessante é que o que foi alterado tornou-se a parte mais fascinante de minha tese! O dinheiro daquele jantar foi extremamente bem gasto. Todas as minhas energias estimuladas pela raiva provaram ser muito criativas.

Olhando para minha vida de onde estou agora, acredito que minha raiva foi trazida sob controle. Acho que há quatro razões para isso: (1) escolhi a responsabilidade e deixei de esperar por uma história de fadas para "consertar" minha vida; (2) dei muito duro para ver e entender minhas raivas crônicas; (3) escolhi canalizar minhas energias estimuladas pela raiva para qualidades de vida e relacionamentos que eu realmente queria, e daí o hábito da raiva foi enfraquecido; (4) vejo claramente que a raiva me afasta de Deus – e esse é o motivo mais forte! Então, sinto-me bem quando a energia que algumas vezes surge ameaça transformar-se em raiva. Ela é útil. Às vezes, ela ainda me pega de surpresa e mesmo assim ainda lucro com meu poder de decisão. Mas foi um crescimento e alegro-me com isso.

Aqui estão alguns pontos que você deveria tentar para canalizar suas próprias energias estimuladas pela raiva:

Tome uma decisão básica com relação à raiva. Você e apenas você conta para a escolha. Você quer ter seus acessos de raiva? Eles trazem para sua vida o que você escolheu? Se não, então você pode decidir fazer coisas diferentes com suas energias estimuladas pela raiva.

Da próxima vez que sentir raiva, tente por um momento não dizer nem fazer nada. (A pessoa com quem você está brigando pode confundir-se, mas está tudo bem.) Note o fluxo de energia em seu corpo. Como você o sente? Onde está localizado? Você pode tentar fazer isso várias vezes para ficar íntimo de suas próprias emoções e dessa energia e saber como ela funciona. Você pode perder um argumento ou dois, mas o que há de errado nisso? Isso ajuda a reduzir o ego!

Procure os sentimentos que vêm com a raiva e que parecem recompensas. Esse pagamento é entregue diretamente a seu egocentrismo. Pergunte-se se essas "recompensas" são reais e se você quer mantê-las. Pergunte-se se o que você quer é mais egocentrismo. Lembre-se, a escolha é inteiramente sua.

Escolha uma área de sua vida, na qual gostaria de ver crescimentos e faça alterações criativas. Faça uma imagem mental clara: (a) do que você tem agora, e (b) do que você quer. Para a primeira experiência, escolha alguma coisa não muito complicada, alguma coisa que possa dar-lhe resultados rápidos e óbvios. É sempre melhor começar com coisas simples – os resultados nos encorajam.

Quando você tiver escolhido, comece a colocar suas energias estimuladas pela raiva nessa direção. Você deve sempre tentar dizer à pessoa de quem você está sentindo raiva: "Estou com raiva agora, mas preciso dessas energias para alguma coisa mais importante, portanto não vou continuar discutindo isso". Todos os tipos de maravilhas podem acontecer se você tentar algo tão honesto quanto isso!

Alegre-se. Esse é um projeto excitante. Ele lhe trará ricas recompensas para a integridade pessoal, o fortalecimento pessoal, o relacionamento com as pessoas e o relacionamento com Deus através de preces. Você descobrirá que essa energia é verdadeiramente sua para ser encaminhada com todo o vigor na direção que você deseja. Você não é mais a vítima de suas próprias emoções estimuladas pela raiva. Você está vindo para a liberdade responsável.

Sugestões para preces

Cada ponto mencionado acima, e outros que você pode descobrir, devem ser mencionados nas orações. Essa prece não é exatamente para pedir que Deus faça as coisas por você. Ele não vai tomar suas decisões, por exemplo. Mas quando nós fazemos esse tipo de trabalho – e é um trabalho – precisamos de discernimento; precisamos de honestidade. Precisamos da habilidade de voltar atrás e ver-nos a nós mesmos, mais preocupados com a *informação* do que com a *avaliação*, em um primeiro momento. Precisamos ver como somos por dentro. A oração ajuda-nos a fazer isso. Deus está sempre do lado de nosso crescimento.

Ele sempre tem compaixão de nossos esforços. Então, quando rezamos sobre nossas raivas, pedimos a Deus para fazer algo conosco, pedimos discernimento e honestidade.

Quanto mais calmos pudermos ser diante de Deus, melhor. Quando rezarmos por energias estimuladas pela raiva, rezemos tranquilos, com papel e caneta à mão. As inspirações precisam ser colhidas de surpresa antes que desapareçam.

Então, agradeça a Deus. Agradeça-lhe, especialmente, por ter-nos feito de tal forma que não precisamos ser vítimas de nossas raivas, porque podemos viver em paz, livres das raivas, e por termos à disposição essas energias. Agradeça-lhe por estar por perto, pelo cuidado conosco.

Descobri que ajuda em muito levar as raivas ao confessionário. A confissão ajuda a aliviar e curar as feridas da raiva. Na confissão, distancio-me mais um pouco da raiva. Da próxima vez, fica mais fácil notificá-la e direcioná-la.

Sugestões para leitura da Bíblia

Salmos 37,1-11; 39,1-4; 98
Provérbios 11,12; 15,1.17.18; 17,14;
19,3.11; 21,14; 22, 24.25; 29,11
Mateus 5,22
Efésios 4,26.27.31.32
Colossenses 3,8-10

5
Do abatimento ao realismo bem-humorado

Esse sentimento está tão vivo hoje como quando eu tinha 5 anos de idade. Minha família havia acabado de mudar-se e meus pais estavam desembalando as caixas – algumas eram tão grandes que eu mal podia ver o que havia dentro. Papai estava procurando alucinadamente seus alicates que não se lembrava de ter empacotado. Eu fucei em todo canto e os encontrei. Seu comentário de alegria foi: "Você vale cinco dólares!"

Estremeci de emoção. Um calor tomou conta de mim. Os cinco dólares soaram como cinco milhões; mas o melhor foi que alguém importante havia achado que eu valia a pena.

Esse sentimento franco e alegre contrasta com o sentimento de uma mulher que se sentou perto de mim uns quarenta anos depois. Ela estava chorando. Podia-se sentir seu vazio interior. Embora tivesse bastante dinheiro, estava toda desalinhada – seu cabelo quase despenteado, roupas que não se ajustavam, obesa e completamente descuidada. Ela veio até mim com um problema, mas era fácil ver que seu "problema" não era a origem de seu sofrimento. Seu "vazio" estava enraizado em uma dolorosa sensação de inutilidade, a certeza de que não merecia sequer andar sobre a terra ou sentir a vida em suas veias, expressar ou receber amor.

Ela está longe de ser a única. Há muitas pessoas de todas as idades que, bem dentro de seus corações, sentem-se absolutamente inúteis para qualquer coisa. Nossa sociedade reconhece esse sentimento de várias formas: surgem "grupos de apoio"; as pessoas procuram terapia individual; defendemo-nos fazendo um monte de compras; procuramos status e autoafirmação em qualquer direção. O sentimento de inutilidade nos assombra.

Curiosamente, em geral as pessoas que se sentem mais inúteis são pessoas religiosas, pessoas cristãs. É lógico que o cristianismo não nos esmaga desse jeito! O cristianismo é a *boa*-nova.

Contudo, muitos cristãos, inclusive eu mesma, tiveram de combater esse sentimento arraigado de que o cristianismo é algo que *devemos* viver e que devemos vivê-lo perfeitamente agora, ou melhor ainda, deveríamos tê-lo vivido ontem. Assumimos que essa façanha é o que Deus espera de nós. Mas estou consciente de que não vivo completamente os ensinamentos do Novo Testamento ou da Igreja. Não consegui isso ou não cheguei a isso. A prática cristã é batalha e, embora às vezes seja uma batalha feliz, nem sempre é vitoriosa. No entanto, esse quadro de perfeição paira sobre mim. Isso não me parece boa-nova. Parece uma demanda impossível que se transforma em reprovação. E quando olho para essa situação, realmente me sinto inútil!

Costumei alimentar meus próprios sentimentos de inutilidade. Aqui está um dos meus hábitos estranhos, mas favoritos – não apenas meu – : deveria pegar uma virtude de um grande santo, outra virtude de outro qualquer (a contemplação de São João da Cruz, a humildade de São Francisco, a simplicidade de Santa Terezinha etc.) e misturá-las em um ser humano "ideal". Então deveria comparar-me com esse ideal. Não é de se admirar que nunca tenha chegado perto!

Logo, deveria ficar arrasada por causa de minhas deficiências tão óbvias, dizendo a mim mesma, repetidamente, quão terrível eu era. Também joguei fora muito amor e calor oferecidos por outras pessoas; sentia que não era merecedora deles. Devo ter mistificado muitas dessas pessoas!

Nisso Carl Rogers ajudou-me simplesmente ensinando-me a não me deixar influenciar por minha apreciação sobre os outros. Disse que só lentamente aprendeu como "deixar de molho" seu afeto pelos outros bem como a resposta calorosa deles. Ele concorda com o que descobri: é revigorante deixar que os outros me amem! O valor que eles descobriram em mim pode transformar-se, a seu tempo, em um valor em que eu também acredite.

O sentimento de inutilidade é, de muitas maneiras, resposta normal à nossa cultura e aos altos ideais de nossa fé. Mas não é estimulante; não é saudável. A inutilidade como resposta habitual não é necessária e é uma das atitudes que podemos decidir modificar. Tive de fazer a escolha e então deixar que outras pessoas me amassem, deixar que elas me dessem algo, deixar que elas me apreciassem – e permitir que esses sentimentos penetrassem em meu coração. As outras pessoas oferecem-nos muito. Perdi muito em mantê-las a distância devido aos meus sentimentos de inutilidade e desmerecimento. Quando, como Rogers, escolhi deixar que os outros se encantassem comigo e escolhi encantar-me com o encanto dos outros por mim, ganhei um bônus. Agora posso rir de meus estranhos hábitos e de minhas peculiaridades.

Posso rir mais facilmente agora de aspectos meus não tão perfeitos. Também posso rir de aspectos meus adoráveis e bons. Posso finalmente reconhecer que tenho habilidades e que essas habilidades não são insignificantes. Posso aproveitar meus talentos e fomentar meu valor. Eles são as chaves de minha contribuição particular para a vida. Quando contribuímos, nossos sentimentos de autoestima florescem.

Sentimentos de inutilidade podem ser um tipo de viagem regressiva ao ego. Quando me sinto podre no meu íntimo, pode ser fácil pensar que estou sendo "desprendida". O fato, porém, é que tais sentimentos simplesmente me conduzem mais e mais para mim mesma e geralmente também acrescentam autocompaixão. Não existe nada de positivo em autocompaixão e tão pouco em odiar a mim mesma. Essas atitudes não trazem à tona nada de criativo ou agradável em mim. Elas me afastam do amor. Agarrar-me a sentimentos desfavoráveis quanto a mim mesma, ou agarrar-me à autocompaixão, é como fechar uma grande porta de ferro, trancando-a e jogando a chave fora. Não posso sair e outras pessoas também não podem entrar. Preciso decidir deixar os sentimentos de inutilidade e autocompaixão.

À medida que fui deixando de lado esses sentimentos e fui deixando que os outros me amassem, comecei a me sentir mais digna da vida. No entanto, também descobri uma confusão básica no modo como eu pensava e como eu sentia, que não conhecia antes. Essa confusão tinha a ver com meus sentimentos de inutilidade e meu tamanho diante de Deus. Pensava que fossem a mesma coisa, mas definitivamente não o são. Apresento aqui o modo pelo qual finalmente resolvi essa questão.

Em Gênesis 2,7, Deus coloca o sopro de vida em sua nova criatura, o ser humano. Se Deus retirasse seu sopro de vida de mim agora, eu deixaria de existir. Eu desapareceria. O ato humano mais simples e mais básico, o de respirar, é completamente dependente da presença de Deus em mim, esteja eu consciente disso ou não. Minha existência, portanto, não me pertence.

Nesse nível absolutamente básico, não sou nada. Deus é tudo. Ele é o criador e eu sou criatura completamente dependente. Por mim mesma não sou nada ou nada valho.

Essa descoberta tem a qualidade da novidade. Ela não me fez sentir "podre". É uma percepção clara de algo real. Possui solidez, como se pudesse equilibrar-me sobre ela. Essa consciência não é uma avaliação de mim mesma. É o *fato* da completa superioridade divina. Nesse sentido, minha própria insignificância perante a grandeza de Deus, mais profunda que pensamentos ou palavras, tornou-se a pedra de toque para mim. Retorno a ela para colocar-me a mim e minhas atividades em um rumo correto.

Por mim mesma, então, estou perdida a menos que Deus me note. A boa-nova no cristianismo é que Deus me nota. Ele me nota tão singularmente que me ama. Ele me ama tanto que seu próprio Filho, Jesus, veio viver como devo viver e comunicar a compaixão do Pai por mim, para me assegurar sua ajuda, e tornar-se ele próprio essa ajuda para mim. A *boa*-nova do cristianismo pode ser completamente identificada quando eu tiver tomado consciência de minha insignificância perante Deus todo-poderoso.

Para Deus, entretanto, tenho valor – embora o porquê esteja para sempre guardado em seu coração. Ele me fez. Ele ama sua criação por causa do que ele é, e não por minhas grandes qualidades! Olhe para este mundo! Olhe para meu coração! Ele merece a compaixão divina? Dificilmente. Mas Deus *é* compaixão. Então, embora eu não seja nada por mim mesma, Deus me ama *pelo* valor que possuo. Quer notemos quer não, esse é o único fundamento de nossas vidas.

Se Deus me ama desse modo, ele também ama a todos os outros da mesma forma. Ele considera que cada um de nós vale por estar na Terra, por estar vivo. Portanto, mereço receber amor e crescer em direção a Deus tanto quanto qualquer outro ser humano. Como vocês.

Gênesis 1,26.27 diz-nos que Deus nos criou a sua imagem e semelhança. Alguma coisa em nós é como ele. "Essa alguma coisa" está bem no centro de nosso ser. Nada tem a ver com o país em que moro, com a profissão que escolhi, com o carro que dirijo, ou com o jeito que penteio meus cabelos. É alguma coisa essencial, central, é alguma coisa que não inventei. Nunca poderá ser reclamada como "minha propriedade". É de Deus e está no cerne de meu ser. Se, com a ajuda constante de Deus, eu limpar a montanha de sujeira (e põe sujeira nisso) que há dentro de mim, então talvez a imagem divina possa ser descoberta, um dia, para brilhar em todas as partes do meu ser.

Talvez seja pelo amor de sua imagem que Deus me ama tanto, pela graça do potencial magnífico que ele me deu. Talvez seja pela extrema dificuldade em deixar que esse potencial se transforme em realidade que Deus tenha compaixão por mim. Limpar toda a sujeira é trabalho árduo e longo! Mas a imagem divina não vale o esforço, a escolha, a decisão? Deus não vale isso?

Com o tempo, a consequência do meu crescimento e do abandono em querer "arrasar-me", da aceitação da insignificância que Deus acha tão atraente em mim, é GRATIDÃO com autoaceitação. Deus deu a você e a mim a chance de crescer em valor perante ele. Podemos lutar para descobrir sua própria imagem em nós, se assim optarmos. Que oportunidade! Tornar-se transparente como uma janela de vidro, para que a imagem de Deus possa brilhar desimpedida através de mim! Essa é a maior oportunidade do mundo, e Deus em Jesus Cristo a ofereceu para nós. Boa-nova realmente! Quão generosos são os presentes de Deus. Quanta compaixão há em seu coração.

Santa Teresa D'Ávila teve uma atitude saudável, eu acho. Ela sabia que não era nada perante Deus, mas ele lhe havia dado sua vida. Sabia que não era digna de sua atenção, mas ele lhe deu seu amor. Então ela envidou grandes esforços para ser o que ele queria que ela fosse. Quando fazia algo que não era bom ou que não expressava o amor, ela dizia: "Bem, Deus, o que você esperava de alguém tão comum como eu?"

Para finalizar, hoje posso dizer com gratidão e de coração: "Não sou nada perante Deus e não sou merecedora de seu amor. Mas ainda assim mereço, como qualquer outra pessoa que vive e cresce, receber amor na Terra. Ninguém pode merecer o amor de Deus, mas Deus convida-nos a ele por compaixão. Ele concedeu dignidade para mim e para você. Então eu me regozijo, porque sou amada. Ser amada cria o sentimento saudável e caloroso de valer alguma coisa, enquanto eu me lembrar de que sou dependente de Deus".

Aqui estão alguns pontos para diminuir nossos sentimentos de inutilidade enquanto aumentamos a consciência de nossa nulidade perante o amor constante de Deus:

Fique o mais silencioso possível, só ou com um amigo.

Olhe para seu sentimento de inutilidade. Você pode querer explorar seu interior em busca de suas origens. Ou talvez seja suficiente apenas aprender como eles funcionam em você agora.

Procure a distorção em seu sentimento: seja lá o que for que reflita sua sensação de ser menos merecedor de viver, crescer e amar do que outras pessoas. Esse sentimento de "demérito" está deformando e destruindo sua vida.

Procure o reflexo da verdade em seu sentimento: seja lá o que for que reflita sua completa dependência de Deus, seja lá o que for que o ajude a saber que é o sopro de Deus que o mantém vivo. No início, isso pode parecer difícil, mas a consciência da insignificância é verdadeira em seu nível mais profundo.

Aceite os fatos. Você é uma criatura imperfeita, dependente do amor de Deus. Parte de você está bagunçada e outra parte é adorável. Então, junte-se à raça humana. Não é tão ruim fazer parte dela. Deus a ama!

Relaxe! Deus oferece-se a todos, inclusive a você. Deus oferece graças a todos, inclusive a você. Ele faz com que todos mereçam receber, inclusive você. Outras pessoas também oferecem amor a você. Então relaxe, abra-se para receber a compaixão de Deus e a apreciação dos outros.

Ria-se de você mesmo. O casamento pode ajudar em muito aqui. Meu marido e eu somos muito diferentes, algumas vezes não podemos imaginar como o outro sobrevive fazendo coisas "de forma tão diferente da que eu faço"! Ele espelha minhas bobeiras e eu espelho as dele, apenas por sermos quem somos. E é surpreendente porém real: quando rio de mim mesma, *sinto*-me mais útil!

Sugestões para preces

Estas palavras podem servir como base para sua prece:

Pai de misericórdia, sei que não sou nada perante você. Não sou um ser à parte nem sou independente. Não posso nem mesmo respirar por conta própria. Então qualquer valor em mim é sua criação. Você me fez para ser seu reflexo neste mundo. Essa é a fonte de minha dignidade e de meu grande valor. Por favor, mantenha-me próximo de você, para que possa conhecer seu amor. Mostre-me como abrir-me para receber o amor dos outros também. Ensine-me como ser cada vez mais o que você designou para mim. Muito obrigado pelas oportunidades que me dá.

Obrigado por não estar só em minha pequenez nem em meu valor. Obrigado pelas outras pessoas que também foram criadas a sua imagem e semelhança e que podem ser reflexos seus. Nenhum de nós é merecedor de você, e ainda assim, você nos ama a todos. Que você seja sempre louvado pelo grande mistério de nossa dignidade e de nossos méritos.

Sugestões para leitura da Bíblia

Gênesis 1,26.27.31; 2,7
Salmos 8; 103,1-5; 138,1-3, 139,1-18
Isaías 43,1-4; 49,15
Eclesiástico 3,10-15
Mateus 18,1-4
Lucas 1,46-55
Romanos 7,15-25
1João 4,16; 3,1-3

6
Da culpa à paz

Já ouviu a expressão "paralisada pela culpa"? Eu mesma testemunhei uma dessas paralisias em um sábado, quando era gerente de uma casa de recuperação de pacientes mentais.

Nós a chamávamos de Bertha e ela estava gritando por mim para ajudá-la. Fui até o lado de sua cama. "Não posso mover minhas pernas", ela gritava. Olhei para suas pernas. Pelo que pude perceber, não havia nada diferente dos dias anteriores quando ela estava perfeitamente bem.

Não sou médica, mas havia lido que as emoções podiam fazer coisas dramáticas para o corpo. Não podia ajudá-la. Seu médico veio e também não pôde ajudá-la. Quando chamei seu psicanalista, ele pensou um pouco e disse: "Chame um padre, Bertha é católica".

Então veio o padre. Eu não estava presente para ouvi-los; mas, depois que ele saiu, ela veio andando até minha sala para mostrar que estava bem. Perguntei o que havia acontecido e ela disse simplesmente: "O Pai me perdoou ter tomado tantas pílulas".

Ela não estava fingindo aquele tempo todo. Havia realmente tomado muitas pílulas. Ela era também muito instável emocionalmente. Mas a questão aqui é que o sentimento de culpa a tinha, de fato, paralisado. Embora muitos de nós não o tenhamos experimentado de forma tão dramática ou física, também podemos ficar imobilizados, incapacitados, ou atados por sentimentos de culpa se escolhermos mantê-los.

Se a culpa pode aniquilar-nos, ela também pode ser grande incentivo para nos conhecermos melhor e fazermos mudanças pacíficas em nossas vidas.

Parece haver três níveis de sentimentos de culpa que todos nós experimentamos vez por outra.

A culpa, em seu nível mais óbvio, surge quando fazemos algo errado, alguma coisa prejudicial a outra pessoa, alguma coisa que viola os Mandamentos. Quando meus atos ou decisões são moralmente inaceitáveis, sinto culpa. Esse tipo de culpa serve como sinal de alarme: "Opa, alguma coisa aqui está muito errada!"

Quando estava na faculdade, a sabedoria dominante, baseada na psicologia popular, parecia afirmar que a culpa era nociva e era melhor acabar com ela ou ignorá-la. Sentir remorso estava relacionado com atitude não saudável! Mas meu professor de religião, Dr. Rieman, assegurava que "quando sentimos culpa, é porque fizemos alguma coisa que não devíamos ter feito!" Essa é uma visão reanimadoramente franca. Ele estava dizendo que a culpa sempre tem causa razoável e pode ser um sentimento útil, uma evidência de nosso contato com a realidade. Também acho que, nesse nível, a culpa é saudável. É sinal de que nossa consciência está trabalhando.

O segundo nível de culpa vem da violação de padrões convencionais de comportamento que eu mesma criei ou inventei. Um amigo certa vez me disse que eu estava sofrendo de um terrível caso de "dever-ite". Eu ri, mas sua observação continua em mim e tem-se provado verdadeira. Sinto que *devo* sempre ser capaz; nunca *devo* cometer erro; *devo* usar cada momento de meu tempo; não *devo* chegar atrasada; não *devo* queimar a comida nunca; não *devo* expressar certos sentimentos; *devo* ser capaz de fazer tudo o que li a respeito; eu *devo* – bem, minha lista é muito longa.

Uma vez que a maioria desses *deveres*-padrões são impossíveis, sofro de culpa crônica. Posso parecer extremamente ridícula: quem deve preocupar-se com 10 minutos de descanso a mais de manhã? Alguns desses "deveres" vêm de meus pais e de figuras de autoridade da Igreja e da escola, do tempo em que eu era criança.

Alguns deles eram apropriados na época, mas não são apropriados para a vida adulta. Outros "deveres" li em livros sobre a vida dos santos ou em artigos populares sobre saúde mental. Outros ainda inventei para mim mesma, e estes tendem a ser os mais ridículos de todos. Resultado: sinto culpas sem sentido e desnecessariamente.

O terceiro nível de culpa é, creio eu, universal. Todos o experimentam. É um pouco vago. Corre como um veio subterrâneo em nossas vidas e apenas de tempos em tempos vem para a superfície com os sentimentos. Essa culpa vem daquela parte interior, profunda de nós mesmos, que reconhece que, de alguma forma, nos afastamos de Deus. É a parte semiconsciente da dificuldade humana contida no pecado original. Fomos feitos para Deus, não vivemos para ele e por ele, o que resulta em aflição: culpa subliminar. Certos psicólogos acham que essa culpa não é saudável. Não concordo com eles; no entanto, para transformá-la em fonte de bem em nossas vidas será necessário muito esforço. Acho que esse esforço foi melhor explicado em algumas das linhas do capítulo anterior sobre inutilidade.

Algumas pessoas se apegam à culpa. Acham melhor conservá-la que encará-la. Isso é fuga da responsabilidade pelas suas vidas e é muito destrutivo. Nada pode ser feito para curar minha culpa e trazer-me a paz até que eu esteja disposta a enxergá-la e a construir um amanhã diferente. A culpa clama por mudanças!

Há esperança nisso. Se reconhecemos que fizemos algo que nos levou a sentir culpa, então temos condições de sair da culpa novamente. Se sinto culpa por um ato praticado ou por um hábito, então, com certa ajuda, posso deixar de fazê--lo, tentar mudar de hábito. A qualidade de minha vida irá melhorar. Estarei mais livre e em paz se olhar regularmente para meus sentimentos de culpa, se descobrir quais são suas raízes e então fazer alguma coisa a esse respeito.

Frances Vaughan é uma psicóloga transpessoal da Costa Oeste. Ela defende que a vida madura de escolha responsável é a melhor de todas. Disse-nos em um seminário que uma maneira efetiva para começar a fazer escolhas na área da culpa é fazer uma lista de nossos "deveres". Ela está certa. Chamo isso de "encarar e rastrear". É melhor quando o fazemos na oração, pois podemos enxergar melhor. Encaremos o fato que nos faz sentir culpa e chamemos esse sentimento por seu nome. Aí rastreamos a culpa até a sua origem. Quando a causa está clara podemos ver a que nível sentimos culpa. É devido a algum ato mal feito? Ou violamos nossos próprios padrões comportamentais? Ou nos sentimos culpados porque não vivemos em completa união com Deus? Ela é "mamãe disse..." ou "a Igreja diz..." ou "eu acho..." ou "mas eu *devia*..."?

Tendo-a encarado e rastreado, podemos nos ajudar. Primeiro, analise o padrão que violou. Se é um princípio do cristianismo, então é valioso.

Um fato importante para reconhecer, para admitir, é se o nosso erro é real (e sabemos que somos perfeitamente capazes de errar).

Se o padrão que estou utilizando como medida foi algo que meu pai me disse quando tinha nove anos de idade, talvez já não tenha valor agora. Então é um sintoma de "dever-ite". Posso decidir se quero ou não mantê-lo. Se abandono o padrão, então posso livrar-me da culpa que vem com ele.

Para todos os níveis de culpa, acho que a confissão, seja na forma sacramental ou não, é a melhor ajuda. O sacramento da reconciliação me "cura". Tendo confessado algo, tiro um pouco da feiura que há em mim. Admito que meu lado melhor não quer aprofundar nas tendências que me levaram a praticar tais atos culposos. Assim crio certa distância entre mim e meus atos errôneos. Nesse espaço cabe o amor de Deus. Sua força irá ajudar-me a não repetir esses atos. Isso é cura.

Se aquilo que eu confessei é de fato um erro moral, então o valor da confissão está claro. Quando não é de fato errado, mas é um *dever*, posso confessá-lo da mesma forma. Também confesso os padrões de comportamento equivocados – como algo que infligi a mim mesma e que precisa ser aliviado. Sim, alguns padres desaprovam, mas preciso do apoio do sacramento para fazer uma escolha melhor da próxima vez. Se o padre não entende, eu explico. Ele pode achar um pouco estranho – e isso reflete minha própria fraqueza – mas, de qualquer forma, nenhum padre me negou o alívio do sacramento. (Não levo uma lista muito longa para confessar; eu preparo e escolho. Se por isso preciso confessar com mais frequência, não há problema!)

Algumas vezes confesso aquele sentimento vago de culpa, que parece ser próprio do ser humano. Então eu e o padre podemos concordar que não sabemos exatamente o que está acontecendo, mas o sacramento confirma o meu pesar de estar separada de Deus e afirma o amor de Deus por mim.

O sentido universal da culpa também me lembra de minha vulnerabilidade. Não sou capaz, sozinha, de fazer ou iniciar alguma coisa. Sou vulnerável a Deus porque sou completamente dependente de sua clemência. Quanto mais consciente me torno de minha vulnerabilidade, mais amo a Deus e mais ele pode ajudar-me a alcançar a paz. *E* tanto menos me sinto doentiamente culpado por causa de meus "deveria ter feito".

Uma das maneiras mais eficazes de transformar os sentimentos de culpa é reparar o erro, mesmo quando o erro é apenas mais um desses "deveres". Chamamos isso de "construir a satisfação". Não sei de onde vem essa frase, mas sei que é muito gratificante reparar o mal feito. A necessidade disso pode ser tão clara quanto repor dinheiro roubado. Mas nem sempre é assim, como no caso da necessidade de reparar relacionamentos confusos ou rompidos, "colocar panos quentes" em discussões que causei desnecessariamente, limpar a habitual bagunça de minha vida e de minhas preces.

Algumas vezes o reparo pode ser feito diretamente. Por exemplo, posso ir até a pessoa envolvida, pedir desculpas e tentar desfazer o estrago, mas algumas pessoas que magoei talvez necessitem de tempo e são suscetíveis, e não podem responder diretamente. Então procuro meios indiretos para dar satisfação, e peço ajuda a Deus. Ou se não há outras pessoas envolvidas, posso fazer um ataque frontal às minhas faltas habituais. Isso também restaura meu autorrespeito.

Às vezes, reparar um erro pode ser o começo de uma prática completamente nova e cheia de amor para o resto da vida. Certa vez recusei dar dinheiro a uma pedinte com um menininho magro ao colo. Isso me perseguirá sempre. Mas não só já não recuso a ajuda que me é solicitada, como também auxilio sem que me peçam. Minha vida é mais rica por causa disso e o mundo está um pouquinho melhor. A grande culpa que senti pelo mal inicial se transformou em novas escolhas, e elas me trazem a paz.

A penitência no rito da reconciliação pode trazer a reparação, geralmente simbólica. Quando minha vida foi dilacerada, precisei ajudar a restabelecer o equilíbrio que havia sido perturbado. O mundo já possui problemas suficientes para que eu acrescente os meus! Mas, ocasionalmente, eu o faço; então, prefiro voltar e ajudar onde eu puder. Se não posso reparar meu erro, posso adicionar à história do mundo um pouco de bondade. Se não posso desdizer as palavras que disse, posso dizer outras palavras e adicionar amor à atmosfera. Hoje em dia, as penitências são muitas vezes simplesmente nominais e podem não estar diretamente relacionadas à minha falta. Mas elas trazem amor ao mundo, e isso é necessário.

É claro que a resposta final a todas as culpas está na aceitação da graça divina. Eu não a mereço. Nunca poderei ser boa o suficiente para merecer a eterna compaixão divina! Mas posso conhecer-me bem o suficiente para admitir que necessito dela e que sempre posso abrir meu coração para recebê-la. A graça divina fará todas as coisas secretas de que necessitam ser feitas para curar minhas fraquezas, se eu quiser que elas sejam curadas. Deus me trará de volta para o relacionamento de amor com ele. Ele renovará minha feiura perante sua face quando eu o chamar como o salmista: "Tenha misericórdia de mim, ó Deus... Lave-me de toda a minha culpa... Limpe-me de todos os pecados... Crie um coração limpo em mim" (Salmos 51,3.4.9.12).

Principalmente quando os nossos sentimentos de culpa se originam da condição humana que todos conhecemos, é vital que chamemos por Deus e que dependamos de sua graça. Quando tudo estiver resolvido e quando tiver envidado o melhor do meu esforço, ainda assim serei dependente da misericórdia divina. Então, por que não começar a depender ativamente dele para me limpar de todas as culpas? Esse é o caminho para o autoconhecimento na paz.

Que podemos fazer para liberar a culpa que todos nós sentimos? Esses pontos devem ser acompanhados de muita oração. Aqui eles se acham resumidos:

Encare seus sentimentos de culpa e dê nome a eles.
Rastreie sua culpa até sua causa.
Avalie a causa e decida se quer ou não manter os padrões que você assumiu.
Leve a culpa e sua causa para a confissão.
Construa a satisfação: reparar o dano ou fazer penitência ou proferir palavras de cura.
Dependa conscientemente de Deus e agradeça-lhe sua graça, sua misericórdia.

Sugestões para preces

Quando for rezar pelas culpas, o melhor tipo de oração é a da confissão, seja ela na forma sacramental ou não. Essa oração reconhece o erro ou o erro-sentido ou o estado de pesar de minha vida e de minha natureza. Tal oração abre caminho para a cura divina e nos traz mais perto de Deus. Ele sempre quer perdoar-nos. Podemos contar com isso!

Por favor, não se lamente perante Deus, a menos que queira parecer outra pessoa para ele.

Seja respeitador com você mesmo e seja honesto para com Deus.

Então, se você estiver rezando sozinho, após a confissão, fique quieto por uns momentos. Preste atenção na compreensão divina a seu respeito e no amor de Deus por você. Fique com ele até que perceba que dentro de você está tudo bem. Você será capaz de sentir. Então, ofereça uma prece a Deus e volte em paz para suas atividades.

Sugestões para leitura da Bíblia

Êxodo 34,6
Números 5,5-7
2Crônicas 5,13
Salmos 51,1-19; 86,11-16
Provérbios 28,13
Oseias 14,2-6
Isaías 57,15-19
Mateus 5,23.24
Efésios 1,3-8
1João 1,8-10
Tiago 5,16

7
Da solidão à partilha

Solidão. Essa simples palavra pode trazer sombras assustadoras a nosso coração. Todos nós já a experimentamos. Todos nós fomos levados a acreditar que não a havíamos escolhido. Todos nós a sentimos como se fôssemos vítimas. Estamos sozinhos porque outras pessoas não nos chamaram, não compartilharam conosco. Certamente, são as ações de outras pessoas que me trazem a solidão!

Quando aceitei o princípio básico de que fui parte responsável no desempenho de tudo o que se refere à minha vida emocional, tive de encarar a solidão que sentia. O que eu queria era uma vida mais ligada às pessoas, ou pelo menos pensava que queria, e foi muito difícil perceber minha responsabilidade nessa questão. Tinha amigos, mas queria ter contato com maior variedade de pessoas. Queria relacionar-me com algumas pessoas que admirava. Queria um tipo de vida social na qual a afeição fosse mutuamente compartilhada.

Refletindo sobre isso, tive certeza de que já entendia o que facilita o bom relacionamento. Devem ser alguns de meus hábitos que não me ajudam no estabeleccimento e aprofundamento de novos relacionamentos. Novamente, a primeira coisa a fazer era olhar para dentro de mim; mas também queria olhar o modo com que agia com os outros. Como já havia aprendido no trabalho com outros sentimentos, tinha de saber primeiro como me sentia e como me comportava. Dessa vez não levou muito tempo. Mas meu ego naufragou diante das descobertas: não aproveitei papos curtos como meios de partilhar com outras pessoas. Em cumprimentos casuais, como esses que trocamos com pessoas na rua, eu era sempre a primeira a partir. Algumas vezes encarava a partilha com as pessoas mais como problema a ser solucionado que como um pedaço de vida a ser apreciado. Há outros modos rotineiros de agir, mas esses foram os primeiros que vi. Não estava feliz, mas pelo menos havia descoberto padrões de comportamento definidos que poderiam ser modificados de imediato.

Decidi trabalhar nesses hábitos para escolher conscientemente outros modos de agir. Passei a conversar sobre trivialidades, apenas para estar com alguém. Descobri, então, que não era difícil mudar para assuntos mais interessantes, especialmente a respeito da outra pessoa. Quando me encontrava com as pessoas, "aguentava firme", mesmo que não tivesse nada a dizer, e até estivesse me sentindo desconfortável. Permanecia até que a última pessoa tivesse ido embora. Comecei a praticar o seguinte: responder aos sentimentos das pessoas e não tentar resolver seus problemas, e descobri que as duas coisas caminham juntas. Enquanto trabalhava nessas mudanças, descobri algo inesperado e curioso: eu podia ser agradável e até mesmo divertida! Quando estamos determinados a ser responsáveis, as mais deliciosas surpresas podem fluir de nosso interior!

Gradualmente, a abertura para partilhas mais profundas e experiências mais amplas acontece por si. Perguntava-me, às vezes, se as pessoas haviam notado a diferença. Talvez, mas de certa forma eu duvidava disso. Acho que as pessoas responderam naturalmente com apreço ao que estavam experimentando de mim e não perceberam que eu estava me modificando. Se tivesse ocorrido apenas em minha família, eles teriam notado mais. Mas realmente não importa se as outras pessoas notaram ou não minha modificação; de alguma forma eles respondem às mudanças. Comecei a experimentar menos isolamento, quando passei a aceitar a responsabilidade por minha própria solidão e mudei os hábitos que ajudavam a causá-la.

Existem provavelmente tantos hábitos ocasionadores de solidão quantas são as pessoas.

Você será capaz de encontrar os seus se olhar para eles. Mas um hábito comum está em não compartilharmos nossos sentimentos reais, nossas tristezas e esperanças, nosso "eu" verdadeiro. É claro que a partilha profunda é um risco. É possível que a outra pessoa não entenda ou não se importe conosco. Talvez seja melhor descobrir, gradualmente, o quanto as outras pessoas estão dispostas a compartilhar. Podemos não querer partilhar nossos mais profundos segredos com qualquer um. Mas sempre podemos oferecer um pedaço de nosso "eu" verdadeiro às pessoas. Se é recebido com gentileza, então sabemos que poderemos compartilhar mais. Gradualmente, enquanto praticamos essa partilha, também crescemos em nossa própria força. Então poderemos compartilhar nossos "eus" quer as pessoas gostem ou não. O mais interessante, entretanto, é que elas sempre gostam.

A partilha de nosso "eu" verdadeiro está ligada a ouvir o "eu" verdadeiro de outras pessoas e apreciar a beleza que eles nos oferecem. Assim, cada pessoa tem uma chance para ouvir com amor e partilhar com gosto. Poucos relacionamentos são completamente recíprocos durante todo o tempo. Mas em todas as amizades isso acontece de tempos em tempos. Essa partilha mais profunda e bidirecional é chamada de intimidade. Com o aumento da intimidade, há crescimento da proximidade e da segurança e um profundo conhecimento do outro. Mesmo se apenas um relacionamento (dentro ou fora da família) tem essa qualidade, nossa solidão diminui em muito. Vale a pena procurar e encorajar tal relacionamento.

A partilha íntima "retarda" aqueles momentos em que podemos estar verdadeiramente sozinhos. Ela nos aquece e traz alegria de viver mesmo quando estamos distantes da pessoa que nos conhece e nos ama. Podemos desejar que ele ou ela esteja conosco, mas não experimentamos aquele vazio, aquele isolamento doloroso que vem quando não temos relacionamentos verdadeiramente íntimos. Então, construir a intimidade através da partilha e do ouvir é um meio muito eficaz de acabar com a solidão.

Mesmo assim, haverá épocas em que estaremos ou nos sentiremos sozinhos. Se esses períodos correspondem à maior parte da nossa vida, então nossos relacionamentos devem ser trabalhados. Mas se estamos tendo o apoio amoroso de nossos amigos, então os períodos de solidão nos trazem uma oportunidade especial; podemos transformar nossa solidão em isolamento. Em vez de nos sentirmos vítimas por estarmos sozinhos, podemos sentir-nos solitários por escolha. No isolamento, há uma paz ampla. Quando escolhido, ele permite que nossa alma se expanda até o céu e atinja o tamanho do oceano. O isolamento é geralmente muito silencioso, fazendo-nos querer caminhar na ponta dos pés através da vastidão de nosso interior.

Muitos de nós reclamamos não ter tempo suficiente para nós mesmos. Momentos de solidão podem ser transformados em isolamento, a força mais profunda e calma que nos traz serenidade. Podem ser apenas alguns momentos: quando as crianças saíram de casa, quando alguém está hospitalizado, quando os amigos acabaram de nos deixar, quando acordo de manhã antes de dizer uma palavra, ou quando me sinto sozinha sem que tenha razão especial para isso.

É difícil descrever a sensação agradável que acontece quando fazemos a solidão virar isolamento, mas aqui estão algumas sugestões para que você faça isso. Você fará suas próprias descobertas:

Aceite seus sentimentos de solidão. Não há problema em sentir-se só de vez em quando. Se você se sente só o tempo todo, preste atenção especial em você e em seus relacionamentos.

Acalme-se. Sente-se ou deite-se confortavelmente, deixe todas as distrações internas ou externas. Se você pode olhar para o céu se encontrando com o oceano, faça-o. Se não, imagine-os em sua mente e sinta-se lá. Você pode ouvir uma fita com os sons da natureza (pássaros, ondas, chuva).

Se as emoções vêm à tona, deixe-as ficar, deixe-as fluir. Olhe para as emoções como quem olha para um rio, até que elas tenham passado por você.

Quando sua atenção se prender em outras coisas, traga-a devagar e docemente de volta para a imagem ou para a visão ou para a calma que está invadindo você.

Deixe que a tranquilidade o envolva. Deixe que ela o toque no mais profundo de seu ser. Mantenha-se absolutamente tranquilo, como se estivesse prestando atenção para identificar um som. Deixe que seus lábios sorriam.

Sugestões para preces

Desde que temos bem lá dentro de nosso ser uma genuína e permanente solidão em relação a Deus, é de se esperar que de tempos em tempos ela venha à tona. Talvez pensemos que esse é outro tipo de solidão. Mas quando transformamos qualquer solidão em isolamento, podemos também completá-lo com a intimidade da oração. O silêncio é a prece perfeita, plena de ouvir atentamente, esperar amorosamente, apenas estando aberta para Deus, do jeito que ele é. Compartilhar intimamente nosso "eu" verdadeiro com Deus nos leva mais perto dele. Escutar em solitária tranquilidade abre-nos para que possamos escutá-lo intimamente. Então, quando praticar os cinco passos acima, volte suavemente sua atenção para Deus e espere por ele no silêncio. Ele já está lá, esperando por você.

Sugestões para leitura da Bíblia

Salmos 22; 23; 42,1-6
1Samuel 18,1-4
Provérbios 18,19.20
Eclesiástico 6,5-17; 9,10; 22,19-26
João 21,20-22; 15,15
Colossenses 3,12-17

8
Do desapontamento à satisfação com o presente

Dentro da minha cabeça existe uma galeria de quadros com muitos tesouros expostos. Muitos deles são encantadores, ou pelo menos penso que são. Alguns não são tão encantadores, mas são de valor sentimental. Muitos dos quadros eu mesma pintei, alguns rapidamente, outros devagar e com cuidado. Há ainda outros pintados por outras pessoas a meu redor ou pela TV ou pelos livros. Mas apenas uma pessoa foi encarregada de decidir quais dos quadros estariam expostos nessa galeria: eu. Passo muito tempo lá, admirando as pinturas.

Algumas vezes um evento corriqueiro faz ficar torto um ou mais desses quadros ou os tira da parede e os joga ao chão. Quando isso acontece, um turbilhão de emoções me invade, e isso é muito desagradável. Essa emoção é chamada desapontamento. Veja bem, eu quero que a vida ande de acordo com os quadros que escolhi. Todos me parecem muito bons e razoáveis. Entretanto, muitas pessoas sequer sabem da existência de minha galeria e podem não se sentir satisfeitas com minhas escolhas, pois possuem sua própria galeria! Então, a realidade da vida não está refletida em minha galeria. Assim, estou propensa a me sentir desapontada.

O desapontamento também tem uma voz especial. É mais ou menos esta: "Mas eu queria tanto...". Ou: "Mas o que estava realmente procurando era outra coisa". Ou: "Mas eu contava com outra coisa". Ou: "Mas eu pensei que seria...".

O que a voz do desapontamento e os quadros têm em comum é a expectativa. Quando o que esperamos não se torna realidade, sentimo-nos desapontados. Quando revejo os desapontamentos em minha vida, alguns deles me parecem suaves e não tão importantes; outros foram devastadores e me soterraram por bom tempo. Mas, pequenos ou grandes, foram o resultado de expectativas que não funcionaram do jeito que pensei que funcionariam.

Se ouvimos o som do desapontamento em uma voz de criança, sabemos que a explicação e o consolo são necessários, pois a criança está se sentindo ferida e magoada. Devemos ser igualmente gentis conosco quando sentimos desapontamento. Necessitamos explicar a nós mesmos quais eram nossas expectativas e por que elas não vingaram (isso pode ser muito mais difícil do que explicar para uma criança). Merecemos algum consolo também. Peço um abraço especial, chamo um amigo e reclamo em voz alta; como um pedaço de chocolate; sento-me diante da lareira. Isso me ajuda a me consolar quando o desapontamento vem.

Para uma criança, o consolo dos pais pode ser tudo o que ela precisa. Para mim, entretanto, também é necessária a compreensão.

Se sou responsável pela qualidade de minha vida, também tenho parte em meu desapontamento. Sou responsável pelas expectativas que construí e pelo apego que senti por elas. Se o apego é grande, como quando duas pessoas estão noivas e fazendo planos maravilhosos para o futuro, o desapontamento pode ser grande. Se o apego é pequeno, como quando queremos fazer sopa de cebola para o jantar e não há cebolas em casa, então o desapontamento não será tão terrível. O mais importante a se notar é que a intensidade de apego que tenho por minhas expectativas pode variar e pode ser modificada por minha própria atenção e esforço.

Mesmo nos maiores desapontamentos que experimentei, descobri que quando consigo analisar a expectativa que levou a eles, algumas de suas feridas se apagam. Parte das feridas parece vir de um sentimento de fraqueza – de não ser capaz de fazer as coisas acontecerem do jeito que esperava. Desse modo é muito fácil sentir-se vítima. Mas quando percebo a grande contribuição que dei para a intensidade de meu desapontamento, consigo aceitar minha responsabilidade quanto a isso; e meu sentimento de fraqueza diminui. Sim, ainda tenho de viver com as circunstâncias como elas são; mas saberei que não sou fraco em relação aos meus sentimentos, que as expectativas que construí não são facilmente satisfeitas, mas as belezas da vida continuarão abertas para mim.

Isso não implica que possamos eliminar todas as expectativas. Elas são necessárias para funcionarmos bem todos os dias. Mas podemos não ficar sempre apegados aos nossos quadros. Ainda pinto milhares de quadros para minha galeria, mas agora, após anos de vida, sei que alguns deles irão cair. Então não os prendo tão firmemente quando os penduro!

É uma escolha que você pode fazer. Podemos dizer a nós mesmos: "Sentir-me-ia tão feliz se... (pinte aqui com todas as cores); mas se não é possível, haverá outras oportunidades". Para os que decidiram encarar dessa maneira, as pinturas podem ser acalentadas, mas serão amadas quer como possibilidades quer como guias de ação. Já não são necessárias para nossa "sobrevivência" ou felicidade.

Quando o desapontamento vem, não precisamos fingir que está tudo bem. Podemos examinar nossas expectativas e ver exatamente o que aconteceu dentro de nós para causar o desapontamento. Então podemos escolher livrar-nos dessas expectativas e concentrar-nos no que realmente aconteceu. Quando faço essa escolha, ganho um bônus extra: a pequena, estranha sensação das maravilhas da vida penetra meu coração – a maravilha quanto ao que aconteceu. Muito frequentemente, quando as coisas não saem conforme planejamos, existe uma surpresa se eu pondero sobre o que a vida me tem oferecido. Pode ser que eu não goste disso de imediato. Mas posso sempre procurar o presente escondido que *todas* as novas circunstâncias trazem, mesmo que leve muito tempo para encontrá-lo.

Abandonar as velhas expectativas é um jeito de viver o momento presente, ou de posicionar-me aqui e agora. Quando olho para o *agora*, há sempre *alguma coisa que está OK* comigo ou com as circunstâncias. Posso sentir-me grata por todos os conhecidos e desconhecidos que me fizeram chegar a este momento. Posso apreciar o precioso agridoce dos sentimentos não satisfeitos, que me abrandam o coração. Posso ver uma nova beleza em tudo o que me cerca. Posso querer reter esse momento, com todos os meus sentimentos (sem as expectativas), e segurá-lo no côncavo das mãos, como faria com um pintainho.

Quando me atenho ao presente, a vida, *como ela é*, torna-se meu tesouro; e é um tesouro real, não um que eu mesma pintei para minha galeria e me forcei a acreditar nele só porque o pendurei em minha mente. De fato, notei alguma coisa muito interessante na última vez que entrei em minha galeria. Não existem tantos quadros como existiam antigamente! Desde que comecei a diminuir as minhas expectativas e a viver o presente, sinto menos interesse pelas expectativas. O presente está tão cheio de coisas para se apreciar: sentimentos, desafios, eventos, maravilhas.

Então, atualmente, em vez de tentar fazer com que o que está acontecendo se encaixe com minhas pinturas, eu experimento primeiro o acontecimento do dia. Claro que sentirei desapontamentos de novo, especialmente porque minha galeria não está vazia. Mas entre esses períodos cada vez mais raros, estou muito ocupada guardando memórias encantadoras em minha galeria.

Acredito, também, que guardar o que é real nos leva mais próximos de Deus. Ele é o mais real, o único real. Se eu habitualmente tento colocar as coisas para "casar" com as ideias que tenho na cabeça, posso perder a real maravilha que é Deus. Minhas próprias expectativas podem cegar-me. Isso aconteceu com muitos dos líderes judeus na época de Jesus. Eles esperaram o Messias durante séculos. Além do mais, fizeram pinturas muito claras de como ele deveria ser. Mas quando ele veio, não puderam vê-lo, pois suas expectativas influíram em suas visões. Isso aconteceu comigo em níveis menores, e algumas vezes me afastaram das coisas maravilhosas que Deus me ofereceu. E eu não quero que isso aconteça de novo.

Aqui estão alguns passos para praticar e explorar. De qualquer forma, acho que as expectativas são a parte mais pessoal de cada um de nós; então, você pode encontrar outros passos que se ajustem melhor ao seu caso. Sendo assim, use-os e compartilhe-os.

Quando você está se sentindo desapontado, dê um tempo para definir suas expectativas. Examine-as com cuidado, e como elas o levaram a se sentir desapontado.

Deixe as expectativas de lado por um momento. Olhe para o momento presente. Ele é, por si próprio, muito ruim? Você está em perigo? Você está destruído? Há alguma coisa ruim neste momento que não tem nada a ver com suas expectativas? O que há neste momento de bom e agradável?

Pergunte a si mesmo: "O que a realidade de agora pode oferecer-me para o futuro?" Que vantagem ela traz para minha vida?

Decida o que você quer fazer com suas expectativas não satisfeitas. Você pode querer largá-las completamente ou você pode ver um valor que queira manter, talvez, modificando-a para novas circunstâncias e novas possibilidades. Quando tiver decidido, fale em voz alta. Se você puder agir para complementar sua decisão, aja agora.

Aproveite o presente. Saboreie o presente tal como é – muito rápido ele vai embora. Existe algo que queira manter em sua galeria de memórias?

Sugestões para preces

Jesus deve ter experimentado muitas esperanças não satisfeitas em sua vida pública. Ele chorou por Jerusalém, por seu povo que não quis vir a ele. Algumas vezes, afligiu-se pela irresponsabilidade e pela falta de compreensão de seus discípulos mais próximos. Então, quando você se sentir desapontado, pode jogar seus sentimentos sobre ele. Diga-lhe exatamente qual é seu desapontamento, o que você esperava, o quanto desejava algo, qual foi a consequência e o quanto você está sofrendo. Deixe tudo ao encargo dele.

Então imite aqueles que escreveram os salmos. Eles sempre deram voz às suas mágoas e preocupações, e então, no próximo alento, agradeciam a Deus sua bondade. Eles recordavam o que sabiam: Deus está presente, Deus é bondade e compaixão. Então, você pode rezar para ele pelo que ele é – e então poderá rezar pelo presente como ele é. Ofereça a Deus seu momento de desapontamento, com seu vazio e com sua plenitude. Ele renovará suas esperanças na beleza da vida, e é infinitamente capaz de transformar seus lamentos em alegrias. Agradeça a ele por isso.

Sugestões para leitura da Bíblia

Salmos 57; 77; 86,1-10; 116
Josué 1,9
Isaías 40,28-31
João 14,1-4
Romanos 8,35-39
1Coríntios 15,57.58
Tiago 1,12; 4,13-16
Apocalipse 21,1-5

9
Do fracasso
à realização

Furiosamente, Kent martelava palavras contra mim. "Mas POR QUE você não quer ir à festa?"

"Porque estou com medo."

Essa resposta simplesmente provocava nele uma enxurrada de palavrões.

"Além disso, eu não gosto do que sei que eles farão lá. E me sinto intranquila e insegura quanto a esse tipo de vida social."

Mais palavrões.

Com o passar do tempo, porém, ele não estava se importando com a festa. Ele estava tentando chegar em mim. Finalmente, ele implorou: "Marilyn, você é uma mulher inteligente e é capaz de modificar essa festa para qualquer tipo de festa que deseje – e fará isso mais facilmente que qualquer pessoa que estiver lá. Pare de correr de seus próprios dons!"

No papel parece bem suave, mas Kent estava gritando em minha cara.

É muito raro que alguém se confronte comigo diretamente, infelizmente, e por isso ouvi. Sua raiva transformou-se facilmente em um intenso interesse por mim. Sabia que ele tinha visto algo em mim que eu não percebera ou então que não havia levado muito a sério. Ele não queria me ver desperdiçando isso. O que seria?

Ele disse que eu era poderosa. Era? Se era, então por que não tinha o tipo de vida que queria? Comecei a me dizer o porquê: "Minha infância havia sido assim e assado em vez de assim e assado; minhas decisões eram assim e assado em vez de assim e assado; eu tive algumas coisas em vez de ter outras coisas..." De repente, toda essa história não me pareceu muito convincente. Kent não sabia nada sobre ela. Ele apenas viu em mim algo de valor que eu não usava. Ele viu que eu estava inventando uma longa lista de desculpas para minha vida. Dessa vez, quando contei a mim mesma minha triste história, vi o quanto soava inconsistente.

Kent estava certo? Decidi fazer um teste sobre o caso da festa. Poderia ter o tipo de experiência que queria em vez de deixar que outras pessoas tomassem o controle? Não foi surpresa para Kent ou para qualquer outra pessoa que eu pudesse e que fizesse, mas foi uma grande surpresa para mim. Descobri a capacidade de criar circunstâncias com a qualidade que queria! Isso era intrigante o suficiente para ser explorado.

Foi uma longa exploração e alguns de seus frutos estão neste livro. Aquela festa, porém, trouxe-me uma verdade. Observei-me, perguntei a amigos, tão honestamente quanto pude ver e ouvir – e todas as evidências confirmavam minha descoberta: eu estava centrada em minhas limitações; estava ignorando meus poderes, meus dons. Vivia sentindo pena de mim mesma e inventando desculpas. (Aqui devo dizer que outras pessoas viram isso em minha vida; mas Kent identificou o que acontecia comigo, e suas observações foram acuradas.)

Quando estava com outras pessoas, eu agia em "posição de inferioridade", como diz a Análise Transacional. Isso significa que eu assumia que toda e qualquer pessoa era melhor que eu. Quando reconheci essa posição, ficou imediatamente óbvio que isso era completamente falso. Ninguém é melhor, mais inteligente, mais poderoso, sábio, agradável ou tem mais dons do que eu. Talvez algumas pessoas sejam. Outras possuem mais ou menos essas qualidades.

Quando me comparava às pessoas que estavam no topo de cada categoria – religião, música, psicologia, letras, dinheiro, ou seja lá o que for – é claro que eu não era rival nesses campos! Era levada a olhar para essas pessoas porque não tinha esperanças de ganhar na comparação. Precisava parar com isso.

Ainda assim, pessoas notáveis me ensinaram algo útil. Pense nisto: Itzak Perleman, incapaz de andar sem muletas, mas um grande violonista! Fritz Kunkel perdeu um braço durante seu treinamento de médico, e ainda assim se tornou um grande psiquiatra; Catarina de Sena tornou-se santa, mesmo com a oposição de sua família, assim como Francisco de Assis; Robert Louis Stevenson escreveu quase todos os seus livros na cama com tuberculose. E há ainda os menos conhecidos: o cego que se tornou um competidor de esgrima, o tetraplégico que pintava com pincel na boca; o atleta vítima de pólio. Refletindo sobre essas pessoas, conclui-se: eles decidiram não pôr em foco sua limitação, não importando o quanto ela os oprimia. Escolheram focalizar persistentemente suas qualidades.

Ninguém pode fazer tudo nem ser todo o mundo! Mas, também não é isso que a vida – ou Deus – põe a nosso alcance. Ou melhor: a nosso alcance está a oportunidade de sermos *plenamente* o que *podemos* ser. E isso já é muito para nós. Isso é muito mais do que somos agora. As pessoas que se aceitam como são, aceitam suas limitações como fato, com isso mais facilmente desenvolvem seu potencial, seus talentos e habilidades. Gostam de seus dons e de suas possibilidades.

É importante conhecer nossas limitações. Elas afetarão nossas vidas de muitas maneiras. Não lamento o tempo e a atenção que despendi para aceitar minhas limitações, a começar pelo fato que tinha quase quarenta e não vinte e dois anos! Fortaleci-me aprendendo os efeitos dessas limitações. Serviram para me fazer mais realista. Uma vez que me conscientizei desse aspecto de meu ser, aprendi a dar atenção a outro aspecto, o das possibilidades e dos dons.

Esse lado também precisou ser descoberto e compreendido. De certo modo era muito difícil olhar para além de meus limites! Talvez porque se tratava de uma visão não familiar, ou talvez, porque eu é que deveria ser responsável para usar e desenvolver os dons que via.

As limitações não eram o motivo real de minhas dificuldades. Tinha mais dons do que julgava ter. Estava paralisada não por minhas limitações ou falta de dons, mas porque os estava olhando de maneira errada, além do que não estava escolhendo quais os dons que deveria desenvolver.

Minha carreira não era o principal para mim. Estava procurando qualidade de vida, capacidade interior de ser a pessoa mais completa possível. Queria sentir-me eficiente como ser humano, para expressar minhas características particulares, sentir confiança no meu ser como um todo. Sem dúvida, quando comecei a seguir com amor os meus dons, minha carreira também se desenvolveu. Mas era basicamente qualidade o que eu queria, qualidade para o dia a dia e qualidade para realização.

Medida em anos, minha vida já está acabando. Até onde vou chegar com essa idade avançada? Certamente não poderei desenvolver todos os meus dons ao ponto máximo. Mas posso escolher as possibilidades de que mais gosto, aquelas que expressam meus mais sinceros desejos. Ninguém está exigindo nada em particular. Nem mesmo Deus me pegou pelos colarinhos e insistiu! Ao contrário, ele me deu várias possibilidades e deixou as escolhas a meu encargo.

Então, mesmo que muito devagar – acho que sou mesmo muito vagarosa para aprender – comecei a me observar para ver de quais das minhas possibilidades eu mais gostava. Escolhi amá-las, nutri-las e desenvolvê-las. Comecei gradualmente a crescer em direção ao que Abraham Maslow chama de pessoa "autorrealizada". Com isso ele queria definir uma pessoa cuja vida se realiza de modo forte, saudável e criativo, pessoa que toma suas próprias decisões e as persegue até o fim, pessoa que, para estranhos, pode *parecer* ilimitada e que influencia a vida a seu redor.

Experimentando, consegui imediatamente a qualidade que queria. Posso acordar de manhã e dizer: "Hoje serei sábia" ou "Esta tarde é hora de ser criativa". A qualidade parece ser um subproduto de outras escolhas, de outros esforços. Mas a procura pela qualidade deve ser constante, e há práticas que devem ser seguidas a fim de criar um ambiente interior propício para que ela floresça.

Os passos seguintes são partes de minhas descobertas e também são influenciados por

Maslow. Asseguro que os pratiquei e que eles funcionaram para mim. Podem funcionar para você também:

Resolva ser especialmente honesto na análise de si mesmo. Você perderá tempo se não for honesto.

Reveja suas limitações e note como elas funcionam. Faça-o com tato e não as use como desculpas. Sua história triste é apenas uma em meio a um milhão de histórias tristes. O máximo que ela pode fazer por você é empurrá-lo em direção a uma melhor qualidade de vida.

Aceite suas limitações como fato. Não dê ênfase a elas. Elas provavelmente continuarão com você, mas são a menor parte de você!

Dirija sua atenção e seus interesses para seus dons e suas possibilidades. Tinha tão poucas habilidades nesse assunto que tive de perguntar a amigos quais eram os dons que viam em mim, por que me davam valor, do que gostavam em mim.

Ouça a si mesmo. De que você gosta? Que você tem escolhido? Que é engraçado? Que lhe dá alegria? Que você acha interessante? Explore essas coisas. Conheça-as. Dê um tempo e nutra-as. Elas são chaves importantes para transformá-lo na pessoa que você pode ser.

Seja lá o que estiver fazendo ou o que tenha escolhido, cuidado com a qualidade. A atitude "por si só já é boa demais", pode trazer certos resultados, mas não é boa o suficiente para desenvolver seus próprios poderes para a vida. Não o ajuda. Dê a suas escolhas amor, atenção, tempo. Seja generoso consigo mesmo para ser bom nisso – seja lá o que for esse "isso".

Um dia desses, meu marido aprendeu a fazer uma torta de maçã. Foi um aprendizado observá-lo. Cada detalhe foi cuidadosamente seguido. Não pulou nenhuma etapa, não se apressou, cuidou de cada movimento, deu àquela torta toda a sua atenção. Quando a torta saiu do forno, ele disse deliciado: "Isto, sim, que é obra de arte!" Ele sabia o segredo da qualidade no trabalho e a alegria que ela proporcionava.

Saboreie cada momento de beleza que cruzar o seu caminho. Tenha ela sido criada por você ou tenha vindo de outra pessoa. Se você se sente satisfeito, viva esse prazer. Se você vê um pôr do sol, regale seus olhos com isso. Se você aprecia um abraço de alguém que ama, derreta-se nele. Se alguém lhe traz uma flor, note cada detalhe dela e maravilhe-se! Cada coisa preciosa, pequena ou grande, deve ser amada. Em contrapartida, cada um desses momentos irá nutri-lo. Em especial, saboreie seus próprios dons.

Escolha e aja. Escolha um de seus dons, suas possibilidades ou interesses. Um de que você goste.

Uma amiga minha, mãe de quatro crianças, tinha artrite, mas era fascinada por artefatos indígenas. Ela leu um pouco sobre o assunto e soube que as etapas para a confecção dos artefatos que a haviam fascinado eram segredos transmitidos oralmente. Começou a procurá-los. Aprendeu a fazer os artefatos mais comuns. Então foi a um deserto, aprendeu a identificar a argila e a colheu. Tentou os métodos indígenas. Conseguiu um pequeno forno para suas experiências. Em alguns anos, chegou aonde sua fascinação a havia levado. Hoje em dia, é tida como mestra nas artes indígenas e é conhecedora de alguns de seus segredos. Ela ignorou a artrite de suas mãos e perseguiu sua fascinação. Siga seu exemplo, mesmo que a princípio você possa dedicar-se à sua nova paixão apenas 15 minutos por dia.

* * *

Especialmente duas habilidades desenvolveram-se em mim as quais posso traçar diretamente nesses passos. A primeira é que posso revelar meus próprios dons. Eles me trazem alegria e confiança e eu raramente me lembro de minhas limitações. A autopiedade me abandonou, afugentada pela delícia de viver, orientada pelas habilidades que Deus me deu. Segundo, os dons de outras pessoas também me trazem alegria. Quando olhava para as maravilhas desenvolvidas na vida dos outros, costumava sentir-me desanimada, pequena e triste comigo mesma. Isso nunca mais. Agora me tornei livre, tenho prazer e fascinação pelos dons dos outros. Minha vida está mais rica porque é como se os dons das outras pessoas fossem meus próprios dons. Sua vida pode ficar mais rica também. Provavelmente ainda mais que a minha. Regozije-se!

Sugestões para preces

Regozije-se e dê graças! Você é magnificamente abençoado por Deus. A cada nova bênção que você descobrir, reze a Deus e agradeça-lhe de todo seu coração. Honre-o em suas preces, porque a beleza que ele lhe deu se desenvolve através da oração. Ofereça-lhe suas capacidades e as habilidades de que você mais gosta. Complemente-as, aperfeiçoe-as e devolva-as a Deus com alegria.

Sugestões para leitura da Bíblia

Salmos 34,1-11; 37,3-7; 40,1-9
Provérbios 16,3.20
Mateus 25,14-30
Lucas 10,20
João 14,1-4; 15,1-7
Efésios 1,3-7; 4,7-10
Filipenses 1,3-6; 3,1
Romanos 5,1-4; 12,9-21
2Coríntios 9,6-10

Índice

Introdução 5

1. De vítima a empreendedor 11
2. Do sofrimento à mansidão 25
3. Da paralisia à ação 39
4. Da raiva à energia criativa 51
5. Do abatimento ao realismo
   bem-humorado 65
6. Da culpa à paz 77
7. Da solidão à partilha 89
8. Do desapontamento à satisfação
   com o presente 97
9. Do fracasso à realização 107